RELIGION
SAINT-SIMONIENNE.

Missions Saint-Simoniennes.

(EXTRAIT DE L'ORGANISATEUR.)

> Toutes les institutions sociales doivent avoir pour but l'amélioration du sort moral, physique et intellectuel de la classe la plus nombreuse et la plus pauvre.
>
> Tous les priviléges de la naissance, sans exception, seront abolis.
>
> A chacun selon sa capacité ; à chaque capacité selon ses œuvres.

MISSION DU MIDI.

Jean Reynaud et *Pierre Leroux*, membres du *second degré*, poursuivent à Lyon la mission qu'ils ont commencée. Des difficultés assez grandes se sont opposées pendant quelques jours à la continuation de l'enseignement et des prédications pour lesquels il fallait trouver une vaste salle. Ils se sont décidés alors à louer le Cirque, immense local, où 3,000 personnes peuvent s'assembler, mais qui était dans un tel état de délabrement qu'il a fallu plusieurs jours pour le mettre en état de recevoir les habitans de Lyon. Une prédication a eu lieu, le vendredi 20 mai, dans cette salle qui suffisait à peine pour contenir la foule. *Jean Reynaud* a parlé pendant une heure et demie à tous ces hommes avides d'entendre, qui ont reçu la parole dans un religieux silence, et qui se sont ensuite lentement et paisiblement écoulés le cœur plein de sentimens imprévus. *Jean Reynaud* a profondément ému son auditoire, qui, à la fin de la séance, s'est laissé entraîner à une vive manifestation des impressions qu'il avait éprouvées. Voici comment *le Précurseur de Lyon* s'exprime à ce sujet :

La troisième séance publique des disciples de SAINT-SIMON a eu lieu hier dans la salle du Cirque, et la foule qui s'était empressée d'accourir témoignait que la curiosité excitée par les nouveaux apôtres était loin d'être rassasiée. M. Reynaud a posé hardiment les bases de son système sur la constitution de la propriété. Son discours, que nous transcrirons, a été écouté avec une attention qui prouve que les esprits ne sont pas au-dessous de pareilles discussions, mais dans laquelle entrait aussi pour beaucoup la dialectique animée et profonde de l'orateur. Dans cette attention, dans cette bienveillance même dont M. Reynaud a reçu des marques nombreuses, il y avait plus que de la tolérance, c'était désir d'instruction, désir de juger en connaissance de cause.

Après avoir relu nous-même le discours de M. Reynaud, nous essaierons de traiter à notre tour cette grande question de la transformation de la propriété, qui est la pierre angulaire de l'édifice Saint-Simonien.

DISCOURS DE JEAN REYNAUD.

Le dogme Saint-Simonien, embrassant par son universalité toutes les directions dans lesquelles il est donné à l'action de l'homme de s'étendre, ne laisse point l'activité matérielle se développer en dehors de lui. Il ennoblit l'industrie, et, sanctifiant tout ce qui est de son ressort, il répand sa sanction religieuse jusque sur ces questions d'économie politique froidement délaissées jusqu'ici à l'analyse desséchante des légistes et des économistes. Il règle harmonieusement tous les efforts pour les faire concourir vers cette association universelle qu'il signale comme le but de tous les désirs et de toutes les affections : et le travail, cette faculté créatrice que la Providence a laissée à l'humanité, afin que, se perfectionnant sans cesse, elle pût sans cesse aussi perfectionner ce globe qu'elle avait reçu pour séjour, le travail n'échappe point à l'ordre qui s'imprime sur toutes choses. La *propriété* et la *transmission des instrumens* qui servent à accomplir le travail, et, après le travail, la *distribution* et la *répartition* des jouissances qu'il a créées, ne sont plus des questions que ni Dieu ni la religion ne connaissent, et qui sont laissées au *hasard* pour être à son caprice promenées par le monde. Je sais assez de DIEU pour ne pouvoir comprendre ce que serait au monde le *hasard*.

Ainsi donc, lorsque nous nous présentons comme venant saisir la société dans son ensemble pour la régénérer tout entière, il est bien évident que cette affaire de propriété, qui semble si grave, et qui, lorsque nous portons la main vers elle, fait tressaillir tous ceux qui nous voient, comme si c'était l'arche sainte, il est bien évident que cette affaire ne nous paraît pas d'une nature si mystérieuse qu'on ne puisse l'envisager sans terreur. On dit que les Saint-Simoniens veulent porter atteinte à la constitution de la propriété. Eh ! mais, en vérité, nous voulons bien autre chose : ne portons-nous pas atteinte aussi à la constitution de votre Dieu ? Rassurez-vous cependant, et écoutez-nous ; car nous ne voulons pas vous tenir de ces discours qui épouvantent : au point de vue où SAINT-SIMON nous a élevés, nous dominons la société d'assez haut pour que ses actes et ses constitutions ne puissent émouvoir chez nous ni l'animosité ni la réprobation. Tout ce qui s'est fait dans le passé nous apparaît comme sagement établi, *en son temps*, par la bonté providentielle, et, vous le savez, le présent s'enchaîne si bien au passé que voilà que le moment où je vous parle est déjà loin de nous. Si , en remontant dans l'antiquité, nous avons des paroles pour légitimer l'esclavage et nous réjouir de ce qu'un jour il fut permis à l'homme d'avoir droit de propriété sur un autre homme ; si , en venant au moyen âge , nous avons des louanges pour la *servitude* et des raisons pour comprendre qu'alors il fut *bon* qu'un homme fût propriétaire de redevances féodales ; si nous avons pu apprécier la *convenance des priviléges* donnés aux hommes par le fait seul de leur naissance , dans tous les temps et sous toutes les formes , certes nous ne sommes pas au dépourvu pour le présent, et il nous reste bien quelque chose encore pour excuser ce privilége d'oisiveté qui assure à quelques hommes le bénéfice de vivre sans rien faire du produit des travaux d'un grand nombre d'autres hommes.

Oui , et c'est sans balancer que les Saint-Simoniens le déclarent, le droit de propriété est un principe aujourd'hui bien utile ; c'est la seule base qui , bien que minée déjà de toutes parts , maintienne quelque reste de stabilité dans notre société toute chancelante. Nous faisons l'éloge de la propriété comme nous avons fait l'éloge de l'esclavage et de la féodalité : bons dans un temps, mauvais dans un autre. Le monde change et se modifie sans relâche ; les choses qui un jour furent brillantes et belles se flétrissent et meurent : or la propriété, si brillante et si belle que vous puissiez la trouver, est du monde, et, comme le reste , se change et se modifie sans relâche.

A une époque, et soyez tranquilles , cette époque n'est point encore complétement éteinte , à une époque, la propriété fut reine glorieuse ; mais, je vous le dis, voilà que sa gloire passe et que son règne expire. Bénissons-la, cette divinité des temps modernes , qui seule, par son aspect imposant et les souvenirs qu'elle ralliait encore autour d'elle, a su arrêter ces hommes qui dans leur enthousiasme de nivellement voulaient balayer tout ce qui s'élevait, et anéantir tout ce qui pouvait être flétri du nom de privilége : un vieux reste de la religion du passé, qui à leur insu séjournait encore parmi eux, leur a fait méconnaître le *nobi feodal*, *se cachant sous l'habit du bourgeois propriétaire*, et ils ont maintenu sur sa base ce privilége dominateur, debout sur les ruines de tous les autres priviléges foulés et écrasés sous le peuple vainqueur. Réjouissons-nous, car ces hommes n'avaient rien à dresser sur l'autel pour commander le respect et maintenir l'ordre : à nous de venir et de dire qu'il est temps de s'apprêter à descendre le veau d'or ; car voici DIEU qui s'avance, et, devant lui, il n'est plus besoin d'*idole* pour contenir le peuple. Donc ia question n'est pas de savoir si la propriété est aujourd'hui avantageuse au bien général : elle seule fait barrière entre l'espèce d'ordre que nous avons et l'anarchie la plus déplorable ; mais il s'agit de savoir si l'ordre ne pourra pas se développer assez pour étouffer les germes d'anarchie qui croissent en dehors de lui, et s'étendre sous des auspices plus puissans que ceux de la propriété.

Autrefois il y avait un pouvoir absolu, et de sa volonté naissait l'ordre ; mais cette volonté était devenue tyrannique et pesante ; on s'est lassé d'obéir en aveugles à des caprices rétrogrades, et la représentation nationale, chargée de contenir en de justes bornes l'action du gouvernement et de surveiller son administration, est née pour nous sauver du despotisme royal. Or il est bien évident que tous les citoyens ne pouvaient pas se lever et voir faire ; cela n'était pas nécessaire ; et d'ailleurs on avait besoin d'hommes au travail, et un petit nombre de surveillans suffisait ; ce furent les propriétaires, électeurs et éligibles. Les citoyens ne pouvaient consentir à remettre leurs personnes et leurs actes aux mains des magistrats nommés par un gouvernement tenu dans un état de suspicion légitime ; il leur fallait des garanties prises parmi eux, des jurés ; ce furent les propriétaires, admis aux honneurs de la liste. Il suffisait, pour les besoins de la société, qu'un nombre limité d'enfans reçût une éducation complète et bien terminée ; on ne pouvait la donner à tous, la plupart n'en auraient eu que faire ; ce n'était certes pas à notre gouvernement que pouvait appartenir le droit de choisir ceux qui seraient dignes de cette faveur : l'éducation fut réservée aux fils des propriétaires. La terre et les capitaux, qui constituent le fonds de travail sur lequel naissent toutes les richesses de la société, pouvaient-ils être remis aux mains de nos préfets et de nos maires, chargés d'en faire la répartition à leur libre arbitre ? Une pareille utopie vous fait rire ; la chose serait par trop plaisante, en effet, dans un gouvernement constitutionnel : les propriétaires furent donc les *détenteurs de ces instrumens de travail*, et à eux fut donné le droit de les faire passer dans les mains des travailleurs commis aux soins de les faire fructifier. Les *propriétaires* sont donc, pour toutes ces choses, des *fonctionnaires publics* revêtus de charges importantes ; et comme jusqu'ici ces charges n'ont demandé, pour être exercées, ni grandes fatigues ni grandes capacités, elles ont pu se distribuer à l'aventure et se répartir au hasard de la naissance.

Remarquons cependant qu'à une époque où chacun se plaint hautement du luxe onéreux des traitemens affectés par la société à ses fonctionnaires administrateurs, on peut trouver que les *hauts fonctionnaires de la propriété* sont bien largement rétribués pour les services qu'ils rendent et la peine qu'ils se donnent de favoriser le travail en consommant ses produits. Je crois avoir, avec une entière franchise, dépouillé la question, et montré le rôle puissant que devait remplir et que remplit effectivement la propriété dans la constitution des sociétés au commencement du 19e siècle. Mais cette organisation basée sur la noblesse propriétaire ne nous met vraiment pas aujourd'hui dans un état si beau qu'il faille penser que l'humanité ait depuis six mille ans marché de révolutions en révolutions pour nous conduire à cet Eldorado constilutionnel, et qu'il faille, comme autrefois Josué, lever les bras vers le ciel pour arrêter la course du soleil et deman- der l'éternelle continuation des jours calmes et sereins qu'il verse aujourd'hui sur la France.

O propriétaires! vous tremblez rien qu'à entendre un homme crier un peu haut ce mot de propriété, et vous vous croyez heureux! Vous promenez les yeux autour de vous, et vous ne voyez que des masses affamées qui me- nacent de devenir dévorantes, et de vous offrir, comme en Irlande, le terrible spectacle d'un peuple changé en un attroupement : les prolétaires, qui sont vos frères en reli- gion, vos concitoyens en politique, se rassemblent, et vous, gens aimans et pacifiques, vous êtes réduits à vous parer d'armes guerrières? Oh! non, ni pour vous, ni pour ceux qui n'ont rien, ce ne peut être là le dernier terme du bonheur!

Vous ne voulez point, n'est-ce pas, que ces limites qui barrent la société en deux camps demeurent à tout jamais, comme cette muraille asiatique, un monument station- naire et indestructible qu'on ne puisse franchir qu'à l'es- calade; que pour vous, si peu nombreux, soient toute la *richesse*, toute l'*instruction*, toute la MORALITÉ, et que pour les autres, qui par leur nombre forment comme la nation tout entière, soient à tout jamais la *misère*, l'*igno- rance*, l'IMMORALITÉ? Une pareille distribution est par trop injuste pour que devant la justice éternelle elle puisse éternellement subsister.

Serait-ce dans l'*intérêt des honneurs politiques*, auxquels elle vous admet par le *fait seul de votre naissance*, que vous regretteriez cette propriété? Hélas! voyez combien c'est triste chose que de tenir aujourd'hui le pouvoir : c'est un poison amer qui ronge et décharne la popularité la plus large et la plus brillante en présence des méfiances qui bouillonnent de toutes parts; il n'est point d'homme si fort et si trempé que cette meule mouvante de l'opi- nion ne l'use et ne le dévore en un jour.

Serait-ce dans l'*intérêt de votre production et de votre commerce* que vous réclameriez cette propriété absolue des instrumens du travail? Mais en vérité, seigneurs d'industrie, vous en avez fait des armes redoutables dont vous vous jouez entre vous, au risque de vous perdre vous et ces milliers d'hommes qui travaillent sous votre commandement; la *concurrence*, cette guerre à mort que vous vous livrez sans pitié, sans remords, est-elle donc si belle chose qu'on ne puisse espérer la voir disparaître un jour, lors même qu'elle devrait emporter avec elle la propriété qui lui donne naissance?

Est-ce dans l'*intérêt de vos femmes et de vos enfans* que vous vous cramponnez si fort à cette propriété, pères de famille? Mais je vous le demande, vos filles et vos fils vous aimeraient-ils moins alors que sur votre mort ils n'auraient point à fonder de *légitimes espérances* de bonheur et de bien-être? Seriez-vous moins heureux alors que pour marier vos filles il ne vous serait pas nécessaire d'épargner assez d'or pour leur acheter un mari digne de leurs qualités! Seriez-vous moins heureux alors que, sans dépenses et sans intrigues de votre part, l'Etat lui-même se chargerait de donner à vos fils une éducation convenable et des places conformes à leurs goûts et à leurs capacités; alors que, rattachés par des liens sympathiques à une famille impérissable, la famille humaine, ils trouveraient un *père* dans chaque *chef*, un *frère* dans chaque *associé?*

Oh! je vous le dis, aujourd'hui vous avez bien raison d'accumuler pièce à pièce, et de travailler sans repos jusque dans vos vieux jours, de ne connaître en votre vie que la peine et l'inquiétude, afin de laisser en mourant quelque chose à vos tristes enfans. Après vous, dans cette société, au milieu de laquelle vous les abandonnez, qui donc s'intéresserait à leur existence? Ils y demeurent isolés et inconnus, entourés d'étrangers dont vous leur avez longuement appris à se méfier. Oh! que vous avez raison d'acquérir pour eux quelque fortune ; vous serez au moins en mourant quelque peu tranquilles sur leur sort, lorsqu'à travers tous les orages de votre vie vous aurez eu le rare avantage d'atteindre ce but si désiré de tous. Réjouissez-vous, ce peu de calme qui couvre vos dernières douleurs est chose peu commune par le monde ; réjouissez-vous, car vous êtes bien partagés entre tous : rappelez-vous que dans la ville la plus civilisée de l'univers UN TIERS des hommes meurent dans l'hôpital et l'AUTRE TIERS sur la paille, sans laisser à leurs enfans de quoi leur donner les derniers honneurs de la sépulture du pauvre. Pensez à ceci, car vous pourriez vous inquiéter si vous veniez à songer à cette hideuse banqueroute, qui, semblable à la mort, promène sa faux industrielle et moissonne les têtes au hasard ; vous pourriez trembler de laisser vos enfans en d'inextricables embarras dont ils ne pourraient sortir, si vous veniez à vous rappeler ce code, amas confus des querelles qu'amènent les détails de la succession, et ces procès de propriété qui nourrissent à grands frais nos tribunaux et nos légistes, et qui éclatent dans les familles en longues discordes qui finissent par briser à jamais l'union.

Oh ! la propriété n'est pas une si belle chose qu'il faille s'y arrêter long-temps ; je n'ai parlé que de vous qui en êtes les enfans privilégiés, et n'ai rien voulu dire de 28 millions d'hommes qu'elle écrase, et dont elle exploite la sueur ; je me suis tu sur ces effroyables misères qui, se succédant comme une LÈPRE HÉRÉDITAIRE, accablent les pères et leurs enfans, et en font comme une race réprouvée qui se traîne et végète en dehors de vous ; j'ai voulu laisser un voile sur ce tableau qui vous eût semblé trop hideux, et peut-être vous eût fait craindre. Permettez donc à ceux qui souffrent de voir tant de plaies et tant de douleurs, tant de luttes et tant de haines, d'implorer la Providence, et de sonder son éternelle volonté pour voir si elle a destiné les hommes à vivre toujours ainsi se rongeaut les uns les autres ; permettez-leur de reposer leurs regards en voyant dans le passé l'humanité se perfectionnant sans cesse par l'abolition successive des priviléges de la naissance, et de chercher, sans animosité et sans passions, s'il n'est point parmi vous quelque germe qui puisse croître et aider le développement que réclament toutes les sympathies généreuses en faveur de l'immense majorité des hommes.

La question que je vais aborder est une des plus vastes que puissent soulever ceux qui cherchent à s'élever à des considérations générales sur l'humanité ; mais pour en bien sentir toute la portée il faut sentir en soi la force de sortir du cercle étroit de ses relations domestiques et de sa politique journalière ; il faut dégager sa vue des détails qui par leur proximité la préoccupent tout entière, et la porter sur ces grandes formes des sociétés anciennes que la tradition nous représente : l'histoire du passé est celle de l'avenir ; mais c'est une langue prophétique difficile à lire et à comprendre à qui n'a point la clef providentielle des grands événemens. Tout se trouve expliqué par cette parole révélatrice de notre maître : « Tendance vers l'association universelle ; décroissance progressive de l'exploitation de l'homme par l'homme, pour arriver à l'exploitation directe du globe par l'homme. »

Dans l'origine les sociétés se présentent à la surface de la terre comme un amas confus de familles toutes isolées, toutes opposées les unes aux autres, jetées au hasard parmi les forêts, dont, avec les animaux sauvages qui les habitent au même titre, elles constituent la population. Alors liberté, liberté dans toute son étendue ; car il n'est point de loi pour l'entraver, et il n'est de limites autour de l'homme que celle que lui trace sa propre puissance. A ce moment tout ce qui peut tomber sous sa dépendance, tout ce qu'il peut tenir sous sa force brutale est sa propriété, et il en use et en abuse largement : la femme qu'il a prise, les enfans qu'elle lui a donnés, les ennemis qu'il a vaincus, tout cela est à lui, bien à lui, leur vie et leur mort sont dans sa main. Quant à la terre, c'est tout au plus si dans ce premier âge il a daigné abaisser vers elle ses regards pour songer à en faire un objet de propriété; et s'il la conçoit comme grossièrement partagée en limites confuses par ses fleuves et ses montagnes, c'est que, semblable à l'aigle, il est roi du gibier, et que cette division convient à son indépendance de chasseur.

Point de fossés et de murailles par les champs pour en faire des propriétés, à cette époque; mais, dans l'enceinte domestique, des êtres humains qui sont une propriété véritable, légitimée par l'empire d'une force physique qui domine la leur. Il est facile de concevoir comment de l'esclavage dut naître la propriété du sol, qui en est une conséquence : l'esclave, dégradé par la honte de sa défaite, incapable et indigne d'oser prétendre désormais à la gloire du travail guerrier, est relégué parmi les femmes et attaché comme elles au service domestique. Alors se déploient, dans la tranquillité forcée de la servitude, le travail pacifique et les jouissances nouvelles auxquelles il donne naissance; les animaux s'apprivoisent, et, soumis à la volonté du maître, lui apportent leur docile tribut; la terre, dans le fond des vallons, se dépouille de cette rude végétation qui hérisse sa surface, et, donnant la vie à des plantes mieux choisies, elle apporte aussi à son maître le tribut de ses fruits et de ses moissons. De ce jour l'industrie est née; et, portant en elle l'avenir de l'humanité, elle marche, enlevant chaque jour à l'homme quelque chose de sa férocité primitive, l'appelant à aimer la paix pour y goûter en toute liberté les biens que lui fournit sa propriété *inanimée*, mise en mouvement par sa propriété *vivante ;* adoucissant ses mœurs, développant ses sympathies; l'envoyant encore à la guerre, non plus pour y dévorer son ennemi vaincu, mais pour s'emparer de ses richesses, en faire sa propriété légitime, et en jouir ; car, dans la législation de cette époque , c'est-là un des modes en usage pour acquérir la propriété), s'emparer de sa personne, en faire son esclave, sa chose, sa propriété ; car, dans les usages de cette époque, regarder un homme comme un objet de propriété est une idée *toute simple et toute naturelle*. Sous la protection du maître et de ses fils le nombre des hommes agrégés autour d'un même centre s'accroît et augmente le cercle de la famille patriarcale ; l'appétit de richesses qu'une propriété restreinte ne peut leur fournir directement les met en relation d'amitié et d'échange avec d'autres réunions d'hommes qui semblaient devoir leur demeurer éternellement inconnues et étrangères ; et de cette source de l'esclavage si odieuse aujourd'hui , naissent pour l'activité humaine ces deux modes si nobles et si vastes : l'*industrie* et le *commerce*. Je ne me leverai donc point, comme Jean-Jacques, pour dire : « Le premier qui ayant clos un terrain s'avisa de dire : Ceci est à moi, et trouva des hommes assez simples pour le croire, a assumé sur sa tête la responsabilité de tous les crimes et de toutes les horreurs qui ont souillé le genre humain ; » mais je dirai : « Cet homme a bien mérité de l'humanité, car lui aussi a été pour elle un grand révélateur, et en établissant pour sa famille la première limite, il a préparé le jour où il ne sera besoin d'autres limites que de celles du globe , parce que l'humanité tout entière ne sera plus qu'une seule famille, et la terre qu'un seul champ. »

La liberté *absolue* de faire de toutes choses *propriété*, et d'user de cette propriété dans toute l'étendue donnée au caprice et à la fantaisie, se modifie du jour où le centre de l'association s'étendant, assez d'hommes se rapprochent pour qu'une cité, une nation, prennent naissance. De ce jour quelques lois s'établissent, et il n'est plus, comme autrefois , loisible à l'homme fort de s'approprier *par le droit de la force* la personne et la richesse de son voisin plus faible. *C'est une première atteinte portée par la législa-*

lion à la *constitution de la propriété*. Du reste, cette constitution demeure fort large et laisse de brillantes préroga-
tives au droit du propriétaire ; il peut à sa guise laisser sa
terre inculte, briser sa charrue, tuer son esclave ; ni la
loi ni la *morale* du temps ne le réprouvent. Des philosophes respectables engagent les jeunes propriétaires à
préluder aux jeux de la guerre en chassant les ilotes, prolétaires de Sparte, devenus trop nombreux ; et les vieux
Romains, classiques amans de la liberté et de la républi-
que, régnant en despotes sur des milliers de serviteurs,
les confondent avec leur bétail dans leurs traitemens et
leurs arrêts de mort. Rien ne paraît plus naturel et plus
simple, dans les idées reçues à cette époque, que d'a-
cheter un champ, et pour le cultiver, des hommes nés
d'une famille esclave, *et condamnés par le fait de leur
naissance* à travailler sans être maîtres du produit de leur
travail ; rien de plus naturel et de plus simple que d'é-
pargner, afin de *laisser* en mourant *à ses enfans assez d'esclaves* pour que leur subsistance soit assurée et leur vie
tranquille. Au reste, alors il n'existe point encore de tyrannique législation qui *impose* à un homme l'obligation
de laisser après sa mort son bien à sa famille : les hommes, les bestiaux, les champs sont propriété absolue, et
on en dispose avec entière liberté.

Or, si dans le sénat de Rome, devant les patriciens,
ou même dans le Forum, devant les plébéiens, des gens
étaient venus et avaient dit : « Par le fait de la constitution actuelle de la propriété l'immense majorité des
hommes souffre, parce que leur travail sert à nourrir des
hommes qui, *par le privilége de leur naissance*, prélèvent
sur ce travail, auquel ils n'ont point contribué, une trop
large part. La société marche vers une répartition plus
juste et plus équitable des richesses qu'elle produit : bientôt il ne sera plus donné à un particulier d'être propriétaire d'un esclave. » Je vous le demande, qu'auraient dit
les propriétaires de cette époque ? « Comment ? mais de

tout temps les esclaves ont été faits pour être des propriétés particulières! La société pourrait-elle subsister s'il n'y avait pas des gens faits par la nature de leur naissance pour cultiver nos champs et manœuvrer nos usines, pendant que nous délibérons sur les affaires publiques? N'ai-je point reçu *mes esclaves de mon père?* ne les ai-je point achetés *du prix de mes économies?* Serai-je condamné à mourir sans *assurer l'avenir de mes enfans?* Que veulent donc ces novateurs? »

Ce qu'ils voulaient ces novateurs, c'était l'affranchissement des esclaves qui déjà commençaient à se lasser du métier qu'on leur faisait faire; ce qu'ils voulaient, c'était le progrès que réclamait la marche de l'humanité qui va adoucissant sans cesse les inégalités de la naissance; et ce qu'ils voulaient ces novateurs, ils l'obtinrent, et l'humanité reconnaissante leur témoigna sa gratitude par des honneurs divins. Les travailleurs furent délivrés d'une partie de leurs fers, on leur rendit une meilleure part dans le produit de leur industrie, et il ne fut plus permis à un homme d'acheter un esclave et d'en transmettre à ses enfans la légitime propriété. *Ce fut là une atteinte fort remarquable à la constitution de la propriété.*

Avec ce changement apporté au droit de propriété naquit un ordre social tout nouveau, *moralement* et *matériellement* bien différent de celui qui l'avait précédé. Ceux qui *par leur naissance* étaient condamnés au travail n'étaient plus des *esclaves,* mais des *serfs;* attachés, non à la *personne de leur maître,* mais au *champ* pour la culture duquel ils étaient nés, et dans la moisson duquel *une part leur était réservée.* Le seigneur n'était plus *propriétaire de la vie* de ses travailleurs, mais *propriétaire d'une partie de leurs travaux;* et ces *servitudes* féodales formaient, comme la terre sur laquelle on les percevait, monnaie courante et propriété naturelle à acquérir et à transmettre. Du reste, quelque chose semblait *légitimer ces droits du seigneur* sur la richesse que produisaient les paysans de ses domaines.

A cette époque, le propriétaire ne vivait pas dans le repos et le luxe, tranquille dans son salon de ville, ne sachant rien de ces hommes qui versaient pour lui leur sueur, ne connaissant de sa terre que le nom et le titre notarié. Quand venait quelque troupe de bandits et de pillards, chose commune en ces temps de désordre et de brigandage, le seigneur, au lieu d'une cravache, prenait en main sa bonne épée, et, suivi des gens de sa maison, qui *pour livrée* portaient alors des *cuirasses de fer*, il marchait à l'ennemi, et protégeait ses vassaux. C'était là un service qui valait bien quelques fermages, et il y avait échange de travaux entre les deux parties. C'était là une charge que la législation de l'époque imposait à la propriété, et qui ne l'eût remplie eût été déclaré félon, déloyal et indigne du privilége de noblesse. La législation s'était même dès lors immiscée bien plus avant dans le réglement de la propriété ; car elle était venue à en régler la transmission. Comme il convenait à la société que ces centres de puissance féodale démeurassent intacts et n'allassent point en s'affaiblissant par un partage héréditaire, elle prescrivait au père de laisser à son fils aîné tout son bien, et, *blessant* tout ce qu'aujourd'hui vous appelez des *sympathies naturelles*, elle privait tous les autres enfans du droit de succession. Alors cependant les pères et les mères, les aînés et les cadets trouvaient la chose *toute juste*, car elle était dans la *morale* et dans les besoins sociaux de l'époque.

Peu à peu la civilisation étendit ses bienfaits ; la guerre intestine cessa de se faire de village à village, de province à province ; les travailleurs pacifiques, plus tranquilles, s'affranchissaient en achetant leur liberté au moyen de certains tributs dont ils demeuraient chargés ; puis, quittant l'abri désormais inutile du château, se formaient en communes et étendaient par la France leur corps vaste et puissant. Bientôt les redevances et les droits seigneuriaux allèrent eux-mêmes s'affaiblissant; chaque jour tombait quelque fleuron de la couronne des comtes et des barons; et les vilains, devenus bourgeois, se divisaient sur le fruit de leur épargnes la propriété du sol enlevée pièce à pièce à leurs anciens maîtres; les derniers paysans en étaient venus à voir que les seigneurs ne leur rendant plus aucun service, il n'était pas de raison pourqu'ils leur fussent encore en rien soumis, et qu'eux aussi devaient être libres de leur personne. Alors parut la révolution française, qui se leva, prétendant abolir tous les priviléges de la naissance et rendre tous les hommes égaux. C'était beaucoup ! Enfin elle acheva de briser la féodalité, restreignit de nouveau le cercle dans lequel pouvait s'étendre la propriété de l'homme, déclara qu'il n'était plus permis ni d'acheter, ni de posséder, ni de transmettre des redevances féodales ou des commandemens militaires; et, afin de diviser plus promptement la fortune pour marcher à l'égalité, obligea par sa loi le père à partager son bien entre tous ses enfans. *Ce fut encore là une notable atteinte à la constitution de la propriété!* Et de cette atteinte est née la France constitutionnelle.

Or, je dis que ce fait de propriété, de privilége, attribué à un homme par le fait de sa naissance, et dont nous avons vu l'origine remonter au temps de la sauvagerie, n'a pas encore atteint ce qu'il doit être, et que, bien que dans la série des âges on l'ait successivement dépouillé de toutes ces enveloppes grossières qu'il avait dès l'abord revêtues, il ne présente pas encore ces formes qui doivent commander l'amour et plaire aux hommes de toutes les classes. Je dis que dans la France constitutionnelle, ce privilége subsiste encore sous cette forme; que, *par le fait de leur naissance*, quelques hommes JOUISSENT du droit de vivre richement, sans travail, du produit des travaux que d'autres hommes, *par le fait de la naissance*, sont CONDAMNÉS à faire et à partager avec eux. Je dis que depuis que les sociétés ont commencé à marcher, elles ont été sans cesse, unissant tous leurs membres par un pacte d'association de plus en plus équitable, et de plus en plus dégagé des traditions de la naissance. Et je demande : qui donc aujourd'hui est si puissant qu'il prétende opposer sa volonté à celle de la Providence, et tenir arrêtée ici cette société qui marche si largement à travers les temps? Je promène mes regards, et en vérité je ne vois personne. Bien des hommes forts sont en lutte, mais contre un passé qu'ils ne veulent plus, et non contre un avenir qu'ils ne connaissent point encore. dans leurs discours et dans leurs livres, je n'ai pas même trouvé une barrière qu'il fût nécessaire de franchir ou d'abattre pour aller plus loin.

Les économistes se sont longuement occupés de la manière dont le travail dans les sociétés produisait les richesses ! il était naturel qu'ils s'occupassent de la manière dont cette richesse produite devait ensuite se répartir sur les divers membres de leur atelier social : qu'ils se demandassent s'il était juste que chacun fût rétribué suivant la part qu'il avait fournie à l'ensemble des produits. s'il était convenable que *chacun fût attribué suivant sa capacité naturelle ;* ou s'il était effectivement meilleur que quelques-uns, demeurant dans l'oisiveté, consommassent les produits créés par l'industrie des autres, et *fussent attribués suivant la capacité qu'avaient eue leurs ancêtres.* Or, de tout ceci, chez les économistes, il n'en est point question : ces philosophes, minutieusement attentifs à suivre dans ses détails la fabrication d'une épingle, n'ont pas su porter leurs regards hors de cet atelier qu'ils avaient sous les yeux, et élever l'étendue de leur conception au-delà de l'espace d'une journée de travail. Ils ont vu que dans l'atelier l'usage était que quelques-uns fussent les propriétaires des instrumens, et qu'ils les confiassent, moyennant rétribution, aux ouvriers chargés de les mettre en œuvre; et ils sont partis de ce fait de propriété, comme s'il eût été une convention invariable, un DIEU TERME, posé sur sa base depuis la naissance du monde, et destiné à y demeurer éternellement sans atteinte. Révoltés comme malgré eux par cette bizarre division de la société en *oisifs consommateurs* et en *travailleurs producteurs*, ils ont voulu chercher à · l'expliquer et à y trouver quelque fonds de justice ; et ils ont découvert qu'il pouvait être permis aux propriétaires de ne rien faire, parce que leurs capitaux travaillaient pour eux. Certes, leurs capitaux ne manquent pas de travail ; mais sans doute que cela vient de ce que d'autres hommes leur prêtent la main. Pauvres ouvriers, que ne pouvez-vous vous procurer aussi des instrumens qui se chargent de travailler pour vous et de vous épargner tant de sueurs et de peines! mais sans vous ces capitaux, *oisifs* comme leurs maîtres, demeureraient sans rien faire ; car c'est vous qui aux maîtres et aux capitaux donnez la vie. Si ces économistes, qui dans leurs théories vous associent avec ces instrumens brutaux, avaient vu revenir du travail ouvriers et capitaux, ils auraient pu, tout myopes qu'ils sont, être frappés de quelque différence ; les capitaux, écus brillans au soleil, soigneusement entretenus et vraiment grossis par leur travail, beaux à voir, rentrant noblement dans la riche habitation de leur coffre-fort ; et, d'autre part, les ouvriers usés par la fatigue, affaiblis et maigris par l'âge, incapables de reprendre leurs travaux, et allant misérablement expirer dans quelque hôpital de pitié. Oui, ils auraient senti alors *qu'on ne pèse point à la même balance l'argent et la chair humaine*. Assez de ce sujet.

Sur la propriété, comme sur les autres points, il n'est pas de lumières à attendre de cette politique *stationnaire* qui flotte *incertaine aujourd'hui* ; craignant l'avenir, parce qu'elle ne connaît pas encore ; maintenant ce qui est, parce que jusqu'ici on ne lui a proposé que du désordre en échange et que voilà seulement que nous venons, lui proposant cet ordre après lequel elle soupire. Ce n'est point elle qui nous enseignera, elle ne sait vraiment rien en cette matière, et en est encore à régler le cens d'élection. Pour trouver des politiques avec qui débattre le fond de cette grave question, il faudrait venir à ces hommes à qui la première période révolutionnaire avait permis l'entier développement de leurs idées d'égalité absolue, et qui n'avaient point reculé devant leurs dernières conséquences; il faudrait venir à Clotz et à Babœuf, et repousser contre eux l'absurde et inique système du partage des biens et la monstrueuse loi agraire; mais, en vérité, je ne pense pas qu'ils aient ici beaucoup d'adhérens, et je crois que cette assemblée tout entière se lève avec moi contre eux. Quand de nouveaux Gracches, héritiers de ces rêveries empruntées à la populace romaine, se présenteront, prétendant que les têtes sont égales et que l'on peut sans crainte y passer le niveau, je penserai à leur répondre; mais ils ne sont pas encore si voisins!

Assez de politique : voici la *religion de la majorité* qui s'avance; spéculant sur cette parole de son maître, qu'*il faut rendre à César ce qui appartient à César*; couvrant de sa béate sanction les armes de César et les dépouilles de sa conquête; et voulant élever jusqu'à Dieu le dogme suranné de la légitimité des rois. S'imagine-t-elle vraiment avoir la force de maintenir dans l'hérédité de leurs priviléges tous ces descendans des soldats de César, quand le descendant légitime de César, qu'elle avait sacré sur l'autel en versant sur sa tête l'huile miraculeuse, a été abattu du trône et jeté dans la poussière, sans qu'elle songeât seulement à l'oser soutenir de l'appui de sa main débile et impuissante? Dans cette éclatante histoire, qui ne date que d'hier, n'a-t-elle pas été réduite à avouer que la voix du peuple dominait et écrasait celle de son Dieu, quand elle est venue à reconnaître qu'à l'élu des représentans du peuple appartenait cette place où elle avait fait monter celui qu'elle nommait l'élu de son Dieu.

Le fait de la *légitimité de la propriété* se lie si bien à ce-lui de la *légitimité de la couronne*, que dernièrement un des plus puissans organes des opinions catholiques décla-rait hautement que les idées Saint-Simoniennes sur la propriété n'étaient que la conséquence logique des opi-nions libérales sur la royauté. Que ces prêtres se tiennent donc à l'écart; il s'agit de *réglementer le travail*, c'est chose *indigne* de leur *pieuse mysticité*; c'est chose d'ailleurs par trop étrangère à l'aride étude de leur théologie de séminaire. Ils disent que l'homme, *déchu de sa dignité* pre-mière, a été jeté sur la terre, et qu'il y a trouvé, *pour punition*, ce TRAVAIL qui l'y fait vivre au prix de sa sueur. Et moi, je vous dis qu'il y a *plus de dignité* à vivre sur la terre de SON TRAVAIL, que de vivre dans une nonchalante OISIVETÉ parmi les splendides jardins de l'Éden; et que ce n'est point pour punir l'homme que Dieu lui a donné des mains faites pour le travail, mais afin qu'il eût la gloire d'acquérir et de créer par lui-même les jouissances matérielles dont le globe est pour lui la source inépuisa-ble. Allez donc, la volonté providentielle ne saurait s'opposer à ce que le travail devienne plus commode et plus facile, et à ce que ses produits soient plus équitable-ment distribués et répartis.

Après vous avoir montré dans le passé ce fait de propriété, marchant de chute en chute, à mesure que les mœurs des hommes s'adoucissent et que leurs sympathies, quittant les sauvages travaux de la guerre, se portent vers les pa-cifiques travaux de l'industrie; après vous avoir montré dans le présent qu'il n'est rien de solide, ni même de réel, qui puisse nous forcer à courber éternellement la tête sous le joug injuste et fatigant de la constitution ac-tuelle de la propriété; je vous demanderai si c'est chose juste et désirable, pour l'immense majorité des hommes, que de vouloir que dans la société chacun se présente *en vertu de sa valeur propre*, et non *en vertu de celle de son père*; en vertu des *titres* qu'il porte *en lui*, et non en vertu de quelques *titres timbrés* ; en vertu de sa CAPACITÉ , et non en vertu de sa NAISSANCE. Je vous demanderai s'il est quelque différence entre ce que je dis ici de la *propriété héréditaire*, et ce que, vous-mêmes, avez cent fois dit de la *noblesse héréditaire*. Nous marchons, et rien ne nous arrête ; nous marchons, et c'est pour arriver à un état meilleur ! Qu'on m'indique donc un but à atteindre qui soit plus beau que celui que je signale, où la société ne connaîtra plus de priviléges, sous quelque nom qu'ils se dissimulent, assurant à quelques hommes le droit d'exploiter d'autres hommes, et sera tout entière fondée sur *l'attribution suivant la capacité*, *la rétribution suivant les œuvres*.

On ne saurait se le dissimuler, des masses immenses sont en souffrance et se lassent de souffrir. Au sein des classes oisives et éclairées, le souvenir de Spartacus et de la Jacquerie verse l'inquiétude ; les signes d'un mouvement nouveau dans les constitutions sociales sont éclatans ; et le temps est venu où le salut de la société n'est plus que dans une nouvelle parole religieuse qui doit changer *non les maîtres* PAR *les esclaves, mais les esclaves* PAR *les maîtres*, et semer sur nous tous, *non la guerre, mais l'amour*. Les sympathies généreuses sont en marche par tous les sentiers pour *améliorer*, dans leurs détails, *le sort des classes pauvres*, nous venons les réunir et leur montrer une large route. Vous ne sauriez croire que les bienfaits de l'éducation soient long-temps encore refusés à ceux que le hasard de leur naissance a fait sortir de la classe prolétaire ; et que la société aveugle d'inhumanité consente long-temps encore à se priver ainsi de capacités puissantes, en les étouffant dès leur berceau, en les arrachant au sein flétri de leur mère pour les jeter, tout chétifs, à quelque mécanique fatigante qui les use. et leur fasse acheter la sordide subsistance qu'elle leur donne au prix d'une vie monstrueuse et d'une mort prématurée. Quand la société comprendra combien l'industrie est pour elle noble et puissante chose, elle ne confondra plus les ouvriers avec des instrumens destinés à donner le mouvement aux machines; balançant froidement, dans ses calculs, le pain qu'ils consomment et le charbon qui alimente la vapeur; et *proclamant la supériorité de ses machines inanimées sur ses machines vivantes* bonnes par le perfectionnement de la science à être laissées de côté. Non! la majorité de l'espèce humaine ne saurait être assimilée à ces insectes que l'on nourrit parce que la richesse qu'ils produisent a plus de valeur que ce qu'ils mangent, et que les rigueurs de la saison moissonnent par milliers, sans que les esprits en soient frappés ni les cœurs émus!

Lyon, centre de vie et d'activité, ville de commerce et de production, jetée comme une île entre deux grands fleuves qui t'embrassent, jetée comme un anneau d'attache et d'alliance, comme une station de repos et d'échange entre le nord et le midi, toi qui reposes si bien entre ces collines fleuries et verdoyantes de la Saône qui te dominent avec leurs touffes de verdure et leurs clochers aériens, et ces montagnes neigeuses, célèbres dans le monde, qui te font un horizon digne de ta grandeur et de ta puissance; reine d'industrie, toi que la terre semble avoir pris plaisir à entourer de tout ce qu'elle a de plus noble et de plus poétique, n'auras-tu donc jamais que des habitations infectes et des rues croupissantes pour ceux dont le travail te fait si vaste et si riche? Quoi! toujours la misère pour ceux qui enfantent l'opulence? Quoi! ce sera toujours du sein d'une désolante pauvreté que naîtront ces tissus magnifiques destinés à alimenter le luxe des classes privilégiées de la naissance? et les sources où la société vient puiser son éclat et ses jouissances seront toujours entourées d'affliction et de dégoût, exhalant comme des miasmes pestilentiels, funestes à ceux qui sont réduits à habiter près d'elles? toujours, pour ceux qui vivent entourés des plus splendides couleurs, des haillons, des figures exténuées par la fatigue, livides par la maladie!

Non, pour des peuples qui marchent vers un état universel d'association, fondée sur l'industrie et le travail pacifique, un pareil état de choses est monstrueux ; et devant la majesté providentielle rien de monstrueux ne saurait avoir une existence longue et une subsistance assurée. Voyez dans cette religion nouvelle qui plane sur l'humanité tout entière, et qui déjà s'apprête à y descendre amoureusement, voyez pour l'industrie les germes d'un meilleur avenir, et pour ceux qui la cultivent l'espoir d'une plus juste récompense. Comprenez comment le *monde matériel*, SANCTIFIÉ par un dogme nouveau, et se présentant dans son universalité la plus étendue avec ce *même caractère de divine sainteté* que le dogme chrétien attribuait SEULEMENT à l'*hostie consacrée*, donne au TRAVAIL un caractère profondément RELIGIEUX, et rehausse l'homme à ses propres yeux en le rattachant à la Divinité par TOUS les points de son existence physique, et en l'associant à l'accomplissement des plans tracés par la Providence pour l'embellissement du globe. Alors les ateliers industriels, revêtus d'un caractère tout nouveau de noblesse, pourront, aussi bien qu'aujourd'hui vos temples, prétendre à dominer noblement la terre et s'élever dans l'air sans y porter les souillures de leur impure saleté. Alors, au lieu d'ouvriers voués à une misère et à un abrutissement héréditaires, vous verrez des hommes religieusement unis, harmonieusement classés, justement rétribués, occupés à appliquer leur puissance sur le globe, ce fonds commun de richesses, non plus sous peine d'une mort de faim, mais pour en jouir eux-mêmes et demeurer fidèles à la volonté divine qui a commandé à l'humanité de l'embellir sans cesse, afin que sans cesse il fût une habitation digne de sa majesté grandissante.

IMPRIMERIE D'ÉVERAT
rue du Cadran, n° 16.

LES
SAINT-SIMONIENS
A LYON.

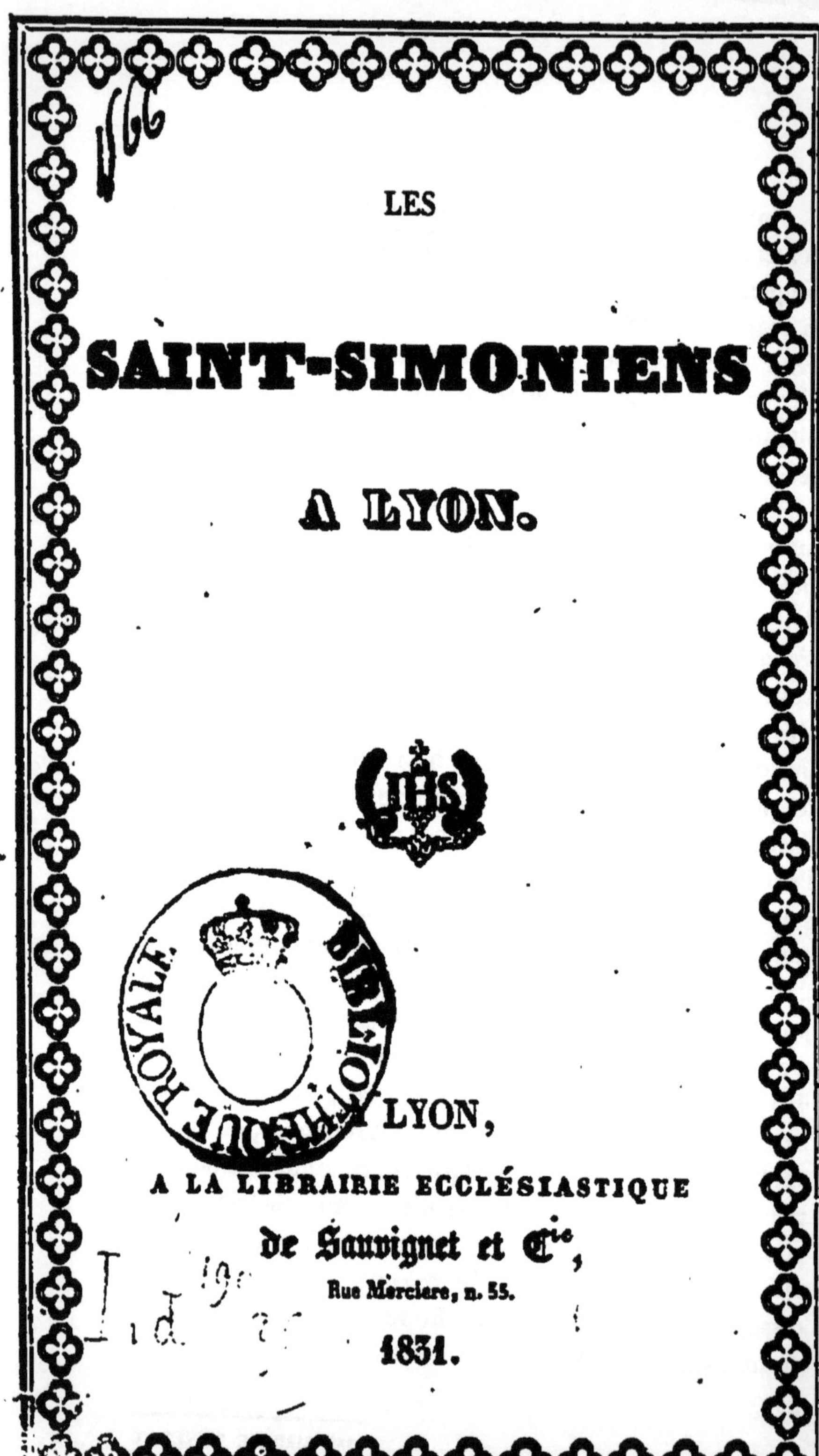

LYON,

A LA LIBRAIRIE ECCLÉSIASTIQUE

de Sauvignet et Cie,

Rue Mercière, n. 55.

1831.

LES
SAINT-SIMONIENS

A LYON.

Il viendra un temps
où les hommes ne pourront plus souffrir
la saine doctrine, et qu'ayant une extrême démangeaison
d'entendre ce qui les flatte, ils auront recours à une foule de docteurs
propres à satisfaire leurs désirs : ils ferment l'oreille
à la vérité, ils l'ouvriront à des contes
et à des fables.
(2ᵉ Épit. de St-Paul, ch. 4, v. 3.)

A LYON,

A LA LIBRAIRIE ECCLÉSIASTIQUE

DE SAUVIGNET ET Cⁱᵉ,

Grande rue Mercière, nᵒ 55.

1831.

LES SAINT-SIMONIENS

A LYON.

PREMIÈRE CONVERSATION.

THÉOPHILE, EUGÈNE, LEUR PÈRE.

THÉOPHILE.

Savez-vous, mon Père, qu'il est arrivé ici des Messieurs qui prêchent une religion nouvelle?

LE PÈRE.

Oui, mes enfants, et c'est pour cela que depuis quelques jours je vous fais lire tous les soirs, après la prière, ces chapitres du saint Évangile qui vous intéressent si vivement.

EUGÈNE.

Comment, mon Père ! est-ce que l'Evangile parle des Saint-Simoniens?

LE PÈRE.

Non pas précisément ; mais il nous avertit que

jusqu'à la fin du monde, il y aura de fausses doctrines qui tenteront de détruire ou d'altérer la doctrine véritable de Jésus-Christ. Ne vous souvenez-vous pas de ce que nous lisions hier au soir? c'était la parabole où Notre-Seigneur se compare à un *père de famille qui sème du bon grain dans son champ*, mais *après lui, vient un ennemi qui sème de l'ivraie à travers le froment*. C'est ainsi que ce divin maître a prêché son Evangile sur la terre; mais depuis qu'il est remonté au ciel le Démon ne cesse de semer dans le champ de son Eglise toutes sortes d'erreurs; le Sauveur nous en a prévenus, vous vous rappelez bien son avertissement que je vous ai cité si souvent; il disait à ses apôtres et à ses disciples : *Prenez garde, défiez-vous des faux prophètes qui viennent à vous sous des peaux de brebis, mais qui, au dedans, sont des loups ravissants.* Il savait bien que les hommes se laissent facilement prendre à des dehors agréables, à un langage doux et insinuant; on est facilement dupe de ceux qui ne parlent que de paix, de bonheur, et qui flattent les goûts et les penchants de chacun : c'est pourquoi Notre-Seigneur nous recommande de nous tenir en garde contre ceux qui se parent de ces beaux dehors; il fait comme une bonne mère qui apprend à ses enfants à se défier de certaines personnes qui ne les flattent que pour les perdre.

EUGÈNE.

Mais, puisque les fausses doctrines sont si dangereuses, pourquoi le bon Dieu n'empêche-t-il pas qu'on les prêche? il le pourrait bien.

LE PÈRE.

Certainement il le pourrait, mais il ne le veut pas; et, dans sa sagesse, il les permet pour de bonnes raisons. Il souffre les faux docteurs comme il souffre les libertins et les pécheurs.

THÉOPHILE.

Mais comment Dieu peut-il avoir de bonnes raisons pour faire prêcher l'erreur? je ne le comprends pas.

LE PÈRE.

Ce n'est pas Dieu qui fait prêcher l'erreur, mais il la laisse prêcher; il désavoue, il condamne ceux qui la prêchent, mais il les laisse faire, se réservant de tirer le bien du mal.

EUGÈNE.

Et quel bien peut-on tirer de ce mal?

LE PÈRE.

Le voici : Par là Dieu éprouve la foi de ses élus, comme il éprouve leurs autres vertus par d'autres tentations. Les erreurs, les schismes, les hérésies servent à montrer les vrais serviteurs de Jésus-Christ; ainsi le bon grain se sépare de la paille; les bons chrétiens, loin de s'y laisser entraîner, en deviennent plus attachés à leur foi, ils l'apprécient davantage, ils l'étudient avec plus de soin, ils lisent plus attentivement les saintes Ecritures et goûtent mieux les magnifiques promesses qui leur y sont faites.

Tu t'étonnes, Eugène, que Dieu permette que l'erreur soit prêchée sur la terre? Dis-moi, pourrais-tu m'expliquer pourquoi il permet aussi quelquefois la famine, la peste, la guerre et les autres fléaux?

EUGÈNE.

Vous nous dîtes l'autre jour que c'était pour éprouver les bons, pour punir les méchants, et pour apprendre à tous à mieux apprécier ses bienfaits.

LE PÈRE.

Eh bien! c'est pour les mêmes raisons qu'il permet les erreurs et les fausses doctrines, qui sont de grands fléaux dans l'ordre moral : les bons chrétiens sont éprouvés par les combats livrés à leur foi; les mauvais sont punis de leur mépris pour la parole de Dieu; pour n'avoir pas voulu croire en Jésus-Christ, ils croient à des hommes; pour n'avoir pàs voulu admettre des vérités enseignées par un Dieu et appuyées sur des preuves solides, ils deviennent les jouets de toutes sortes de vains systèmes et d'extravagances. Voilà comme Dieu les punit de leur orgueil et de leur indocilité; et puis, de même que lorsqu'on parcourt les salles d'un hôpital, on sent mieux le prix de la santé dont on jouit; de même, dans les temps d'erreur et de troubles religieux, on comprend mieux le bonheur qu'on a d'être dans le sein de la véritable Eglise de Jésus-Christ, à l'abri de ce déluge de folies.

THÉOPHILE.

Cependant j'ai vu beaucoup de bons chrétiens

s'affliger de cette école d'erreur publiquement ou-
verte dans notre ville, et regarder cela, non comme
une épreuve pour la foi , mais comme un malheur.

LE PÈRE.

Ils ont raison. Rien de plus naturel, ils ne seraient pas vraiment chrétiens s'ils pensaient autrement. La Providence permet bien les erreurs , et
sous ce rapport nous ne devons pas nous en étonner ; mais ces erreurs n'en sont pas moins un mal ,
un fléau, et nous devons nous en affliger et veiller
à ne pas nous en laisser atteindre.

EUGÈNE.

Et ces nouveaux prédicateurs, savez-vous, mon
Père , ce qu'ils disent ?

LE PÈRE.

Non, mais que m'importe, je n'ai pas besoin de
le savoir; et sans nulle crainte de me tromper , je
peux bien affirmer que ce qu'ils enseignent n'est pas
la vérité.

THÉOPHILE.

Et comment cela, je vous prie, puisque vous ne
les avez pas entendus?

LE PÈRE.

Comment! La chose est facile à comprendre; j'ai
étudié et approfondi la religion catholique, je suis
certain par plusieurs preuves qu'elle enseigne la
vérité; mais la vérité est essentiellement unique.
Si la religion chrétienne est vraie, tout ce qui lui est

contraire est faux. Or, ces nouveaux docteurs se vantent d'enseigner le contraire de la religion chrétienne : qu'ai-je besoin de les entendre, je suis bien sûr qu'ils n'enseignent que l'erreur; s'ils mêlent encore à leur doctrine quelques vérités, c'est de nous qu'ils les tiennent, et je les connais avant qu'ils me les apprennent.

EUGÈNE.

Je comprends votre pensée; cependant je serais bien curieux d'aller entendre ces nouveaux prédicateurs; est-ce que je ne le pourrais pas?

LE PÈRE.

A quoi bon ? et quel plaisir pourrais-tu y trouver? Tu es chrétien, quelle amertume n'éprouveras-tu pas au contraire à entendre mille blasphêmes contre Jésus-Christ, contre son Evangile, contre sa doctrine, son Eglise, ses Sacrements. Tu aimes ton père, Eugène, et tous les jours tu mets ton bonheur à lui donner des marques de ta tendresse; si tu savais que dans une compagnie on doit le calomnier, insulter à son nom, et le livrer au mépris et à la risée de toute l'assemblée, serais-tu bien empressé à t'y rendre?

EUGÈNE.

Non sans doute, mon Père, mais si, par ma présence, par mes paroles, je pouvais vous défendre et soutenir votre honneur, je me ferais un devoir d'y aller.

LE PÈRE.

Je reconnais là ton bon cœur, Eugène ; je com-

prends aussi qu'un homme instruit, qui se présen-
terait dans ces assemblées pour connaître la doctrine qu'on y professe et pour la combattre ensuite,
y serait conduit par un motif louable. Ainsi, Théophile, toi qui depuis plusieurs années as étudié et
approfondi la religion, toi qui connais son origine
sainte et le magnifique enchaînement de preuves
qui a soumis à sa foi tant de beaux génies et tant
de savants de tous les siècles, je comprends que tu
pourrais, sans un aussi grand danger, aller entendre ces nouveaux docteurs, dans l'intention de les
mieux connaître et de montrer l'absurdité de leur
doctrine à tes jeunes amis qu'ils auraient pu séduire.

Mais pour toi, Eugène, tu es encore trop jeune,
trop peu instruit; tu connais assez bien ta religion,
mais tu n'as pas assez examiné les diverses erreurs
qui l'ont combattue dans chaque siècle; qui sait si
ta foi, encore peu éclairée, ne serait pas ébranlée,
au moins inquiétée, par l'assurance avec laquelle ces
nouveaux apôtres prêchent mille rêveries renouve-
lées des philosophes païens et de quelques hérétiques des premiers siècles ; d'ailleurs, tu n'y irais
que par curiosité. Cette disposition serait-elle bien
capable d'attirer sur ton esprit la grace nécessaire
pour conserver ta foi. La foi est une vertu que nous
devons, comme les autres, cultiver et conserver avec
soin en ne l'exposant pas sans nécessité à la tenta-
tion. Pour sentir la vérité il n'est pas nécessaire de
connaître toutes les erreurs, comme pour savoir
que deux et deux font quatre, il n'est pas nécessaire de savoir tous les faux calculs qu'on peut faire
en abusant de l'arithmétique.

THÉOPHILE.

Je vous comprends parfaitement, mon Père, et je vous assure que je ne suis point curieux d'aller me mêler à de telles assemblées; je sais qu'un disciple de Jésus-Christ y est fort déplacé; aussi notre cousin Auguste, entraîné par quelques étourdis, a voulu y entrer un jour par curiosité : heureusement il était fort instruit et accoutumé à raisonner. Il a été si choqué de tout ce qu'il y a entendu d'incohérent, de ridicule, d'absurde et d'impie, qu'il a bien promis qu'on ne l'y retrouverait plus.

EUGÈNE.

Eh bien, Théophile, au moins raconte-nous ce qu'Auguste t'en a dit, afin que je puisse savoir ce qu'il en est.

LE PÈRE.

Non, mon cher Eugène, notre conversation est déja assez longue aujourd'hui, ce sera pour demain; mais avant de nous séparer, prions Dieu de nous fortifier dans la foi en Jésus-Christ, en son Evangile, en son Eglise catholique à qui il l'a laissée pour nous la prêcher; adressons-nous aux saints apôtres qui nous ont apporté cette foi divine, il y a seize cents ans; et puisqu'ils l'ont signée de leur sang, que leur puissante intercession nous la conserve pure jusqu'à noure dernier soupir.

DEUXIÈME CONVERSATION.

LES PRÉCÉDENTS, **AUGUSTE.**

—

LE PÈRE.

Auguste, tu as donc eu la curiosité d'aller entendre ces prédicateurs d'une nouvelle religion, récemment arrivés dans notre ville?

AUGUSTE.

Oui, mon oncle, et je vous assure que leur doctrine n'est pas propre à leur faire beaucoup de disciples; à peine comprend-on ce qu'ils veulent dire, et le peu qu'on en comprend n'a ni fondement ni but.

EUGÈNE.

Cependant tous ceux qui y sont allés n'en jugent pas de même; on dit que ces docteurs parlent très bien.

LE PÈRE.

Cela peut être, Eugène; mais qu'importe pour

la vérité de ce qu'ils enseignent? bien parler est aujourd'hui une chose si commune, surtout depuis qu'on appelle bien parler, arranger de grandes phrases, et les orner de quelques mots sonores : quand il s'agit d'une chose aussi sérieuse que la religion, les mots ne sont rien, ni l'éloquence même, c'est la vérité qui est tout; voilà l'important. Auguste, quel est donc le fond de toute leur doctrine?

AUGUSTE.

Ils se sont surtout appliqués à prouver que le Christianisme était fini, et que le Saint-Simonisme venait prendre sa place.

LE PÈRE.

Quoi! ils ont prouvé cela!

AUGUSTE.

Non pas précisément prouvé, car ils ne prouvent rien; mais ils l'ont dit et répété plusieurs fois, comme une chose évidente, et que personne ne pouvait contester.

LE PÈRE.

Comment! ils veulent persuader que le Christianisme est fini! les aveugles! ils ne savent pas que leurs nouveaux efforts pour l'anéantir ne feront que rendre plus éclatante à tous les yeux cette prophétie où le Sauveur promet à ses apôtres que les puissances de l'enfer ne pourront jamais pre-

valoir contre son Église, et qu'il serait avec elle
pour l'animer et la défendre tous les jours jusqu'à
la consommation des siècles.

THÉOPHILE.

Il faut qu'ils n'aient jamais étudié à fond la religion chrétienne; s'ils la connaissaient, ils verraient
qu'elle a toujours été attaquée, et que tous ceux
qui l'attaquaient s'imaginaient l'avoir détruite.
Quand les Juifs eurent attaché Jésus-Christ à la
croix, il y en avait qui lui disaient en secouant la
tête par moquerie : « Descends maintenant de la
« croix, si tu peux; que Dieu te délivre, s'il veut.
« Toi qui te vantes de sauver les autres, sauve-toi
« toi-même. » Ils croyaient bien s'être délivrés à
jamais du fils de Dieu; et ce moment était précisément celui où Jésus triomphait et sauvait le
monde. Dans tous les siècles, il en a été de même
de tous les faux sages, et de tous les hérétiques qui
ont attaqué la religion véritable de Jésus-Christ, ils
se proclamaient vainqueurs, et la religion abattue.
Ils ont tous passés les uns après les autres, et l'É-
glise de Jésus-Christ subsiste toujours la même.
Aujourd'hui les hommes irréligieux, après avoir
amassé contre elle toutes les calomnies, tous les
blasphêmes, toutes les dérisions qu'il ont pu imaginer, croient l'avoir attachée au gibet. Comme les
Juifs, ils secouent la tête, ils battent des mains,
ils s'écrient : Elle est bien morte, elle est bien
morte. Laissons-les dire, mon cher Auguste, et
souvenons-nous que notre Seigneur se compare à
une pierre immobile; *malheur*, dit-il, *à celui qui*

tentera d'arracher cette pierre, il en sera écrasé.

LE PÈRE.

Tu fais là une observation fort juste, mon cher Théophile, et je vois que tu as profité de tes études sur les saintes Écritures et sur l'Histoire ecclésiastique.

EUGÈNE.

Mais, Auguste, ton prédicateur, qui a dit que le Christianisme était fini, comment l'a-t-il prouvé? car enfin il en a bien donné quelque raison.

AUGUSTE.

Il n'en a donné qu'une seule; il a dit qu'on n'en voulait plus.

LE PÈRE.

Ce serait une assez mauvaise raison; car quand il serait certain que les hommes ne veulent plus de la religion chrétienne, en serait-elle moins vraie? Si, ce qu'à Dieu ne plaise, tous mes enfants refusaient de m'obéir et de me servir, en serais-je moins leur père, moins digne de leurs hommages et de leurs soins?

Et puis, parce que ce nouveau docteur et quelques-uns de ses disciples proclament hautement qu'ils repoussent la religion chrétienne, qui leur a dit que tout le monde n'en veut plus également?

et comment l'auditoire a-t-il pu entendre ce blas-
phême de sang-froid?

AUGUSTE.

Aussi plusieurs auditeurs se sont levés par un
mouvement subit d'indignation.

LE PÈRE.

A la bonne heure, au moins ces auditeurs avaient
compris qu'ils ne pouvaient sans apostasie entendre
en silence de pareilles assertions; ils protestaient au
moins en leur nom. Mais puisqu'il y avait jusque dans
cette assemblée des hommes qui ne consentaient
pas à renoncer à leur religion, on peut penser qu'il
y en a encore un bon nombre ailleurs qui sont
dans le même sentiment. Je crois qu'eux-mêmes
le pensent également; car il y a bien peu de temps
qu'ils se plaignaient amèrement que la religion catholique faisait partout des progrès alarmants;
ils trouvaient que des couvents s'élevaient de toutes
parts, que les prêtres prenaient de l'ascendant par
la docilité qu'on avait à croire à leur enseignement,
et que l'esprit dévot s'emparait de tout.

THÉOPHILE.

Ainsi, Auguste, tu aurais pu leur répondre que
ce n'est pas la religion qui finit, mais que ce sont
eux qui finissent d'être religieux; que l'Église de
Jésus-Christ n'est point morte, mais que c'est leur
cœur qui est mort à sa vérité : c'est comme un
homme qui commence à perdre la vue, il trouve
que le soleil s'obscurcit, et que le jour tombe.

EUGÈNE.

Ce qui m'étonne, c'est que ces prédicateurs, en venant annoncer une nouvelle religion, se soient contentés de dire que le Christianisme était mort parce qu'on n'en voulait plus; enfin, pourquoi n'en veut-on plus ? Qu'est-ce qui ferait qu'une religion qui date de dix-huit cents ans, ou plutôt de six mille ans, puisque le Christianisme commence avec la création du monde, tout-à-coup ne fut bonne à rien ?

AUGUSTE.

Voici comment ils expliquent la chose : le Christianisme, disent-ils, était bon pour autrefois, et il a fait beaucoup de bien; mais à présent il ne peut plus servir à rien.

LE PÈRE.

Quoi, Auguste, ils ont osé dire une chose aussi étrange! On voit bien que ces nouveaux docteurs ne connaissent pas le Christianisme, qu'ils ne connaissent pas même ce que c'est qu'une religion : une religion est bonne ou mauvaise, c'est-à-dire vraie ou fausse; or, ce qui était vrai dans un temps, comment sera-t-il faux dans un autre? Si la religion catholique a été bonne jusqu'à présent, pourquoi serait-elle devenue mauvaise, puisqu'elle n'a pas changé ni dans ses dogmes ni dans sa morale?

Rappelez-vous, mes enfants, ce que nous avons

dit, en développant les preuves de la religion chrétienne; nous avons montré qu'elle est toute fondée sur des faits, comme l'existence de Jésus-Christ, les miracles des Apôtres de l'Évangile, la conversion de l'univers et tant d'autres; et ces faits sont appuyés sur des preuves d'une telle évidence, que si on les rejette, il n'y a plus rien de certain au monde. Hé bien! ces faits une fois vrais, peuvent-ils devenir faux? les faits ne vieillissent pas. S'il est vrai que Jésus-Christ soit le fils éternel de Dieu et le sauveur des hommes, cela sera toujours vrai; s'il est vrai que Jésus-Christ ait fondé son Église pour durer jusqu'à la fin du monde, cela sera vrai jusqu'à la fin du monde; s'il a confié à cette Église le soin de nous prêcher sa doctrine et de nous administrer les sacrements, il sera vrai tous les jours que l'Église catholique enseigne la doctrine de Jésus-Christ, et administre ses sacrements. Il faut de toute nécessité que ces nouveaux apôtres prouvent que cela est faux, ou bien ils ne font que parler en l'air, en disant que la religion est finie. Entreprennent-ils, Auguste, de détruire les fondements du Christianisme?

AUGUSTE.

Non, je ne les ai pas entendus établir une pareille discussion : ils se contentent d'assurer que le Christianisme n'est plus en harmonie avec les besoins de la société, et qu'il s'oppose aux progrès des arts, de la science et de l'industrie.

LE PÈRE.

C'est-à-dire qu'ils ne considèrent la religion que

dans ses rapports avec le bonheur temporel des hommes, avec leur bien être matériel; ils n'examinent point si elle vient de Dieu, si elle est révélée, si elle a des preuves de son origine divine; ils ne recherchent que les avantages que les hommes peuvent en retirer : c'est déja, vous en conviendrez, mes enfants, un singulier oubli de leur part; car enfin une religion n'est pas seulement une sage administration de police sociale, ou un système de bien être public ou individuel, c'est un ensemble de devoirs qui nous lient à la divinité. Les protestants d'Amérique sont plus justes et plus sincères : ils ont avoué plusieurs fois en plein sénat que la religion catholique seule savait travailler d'une manière grande et utile pour la société.

THÉOPHILE.

Je m'étonne en effet que ces nouveaux docteurs soient si étrangers à ces premières notions de haute philosophie ; ils se font une idée bien mesquine de la religion, et il me semble qu'ils dégradent singulièrement l'homme en ne le regardant que comme matière.

EUGÈNE.

Cependant, Théophile, mon père nous a souvent dit que la religion catholique si vraie, si divine dans ses preuves, si sublime dans ses dogmes, si excellente dans les vertus qu'elle inspire, nous rendait encore heureux dans ce monde; il nous a cité plusieurs fois une parole célèbre d'un grand

philosophe qui disait : « Chose *admirable*, *la re-*
« *ligion chrétienne*, qui semble n'avoir pour but
« que le bonheur de l'autre monde, travaille en-
« core efficacement au bonheur de celui-ci! » et
je me souviens fort bien que cette sentence sert
d'épigraphe à l'ouvrage célèbre qui montre tout ce
que le Christianisme a fait pour le bonheur même
temporel des hommes.

LE PÈRE.

Cela est juste, Eugène, et c'est pourquoi je ne
peux encore comprendre la légèreté avec laquelle
les apôtres de Théophile avancent une chose aussi
absurde que ce qu'il vient de nous en rapporter.
Il n'y a qu'une haine aveugle contre le Christianisme qui puisse inspirer une pensée aussi folle,
et je m'imagine voir les Pharisiens accuser mali-
gnement Jésus-Christ de ne pas payer le tribut à
César.

AUGUSTE.

Et cependant non seulement je l'ai entendue de
leur bouche; mais depuis plus d'un an je l'ai lue
reproduite, sous toutes les formes, dans leurs livres
et leurs journaux.

LE PÈRE.

Elle n'en est, pour cela, ni moins folle ni moins
injuste.

A ta place, Auguste, je n'aurais pu maîtriser
mon indignation, et je leur aurais demandé : Dites-

moi, je vous prie, avec quel besoin de la société
la religion catholique n'est-elle plus en harmonie?
quelle est la science dont elle arrête les progrès?
quel art est-ce qu'elle réprouve? de quelle industrie, dit-on, qu'elle empêche le développement? J'aurais répété ma demande sans fin, jusqu'à ce qu'ils
m'eussent répondu nettement; et je puis vous assurer, mes enfants, qu'ils n'eussent rien répondu,
ou qu'ils n'auraient répondu que des niaiseries.

THÉOPHILE.

Je le comprends aussi, car il n'y a rien à répondre; mais ils éblouissent avec de grands mots
qui sont à la mode, de progrès, d'arts, de science,
d'industrie, de développement, de civilisation, et
les trois quarts et demi des auditeurs qui n'approfondissent rien, s'y laissent prendre.

LE PÈRE.

C'est un malheur, mes enfants, qu'on ne saurait
assez déplorer, et c'est aussi de la part de ces
hommes séduits une véritable ingratitude; car,
loin d'arrêter le développement et les progrès des
sciences, de l'industrie et des arts, la religion les
encourage et les seconde. Si notre entretien n'était
pas déja trop long, je vous ferais remarquer que
toutes les institutions sociales ont eu pour premiers
fondateurs des hommes religieux, ou la religion
pour premier mobile; que tous les chefs-d'œuvre
des arts sont dus ou à des sujets religieux, ou à
des artistes chrétiens; que la religion a présidé au
développement des sciences et des lettres comme

à leur conservation dans des temps de barbarie, et que les siècles que les hommes se sont accordés à regarder comme les plus polis et les plus éclairés ont été ceux où la religion exerçait un empire plus universel.

Si, de notre temps, les sciences, les arts, l'industrie prennent un nouvel essor, la religion, loin d'y être opposée, y applaudit et encourage de toute son influence tout ce qui est vrai, tout ce qui est bon, tout ce qui est utile, tout ce qui est seulement agréable et innocent; elle l'approuve, elle le loue, elle le consacre. Ainsi, si ces nouveaux réformateurs craignent que la religion n'arrête le siècle dans sa marche, ils peuvent se rassurer, elle ne l'arrêtera jamais que dans la carrière de l'erreur et du vice, et à ce titre, je ne vois pas pourquoi elle ne serait plus bonne à rien, et pourquoi on n'en voudrait plus.

THÉOPHILE.

Et moi je crois que tout ce qu'il y a d'honnête, de vertueux, d'éclairé, de vrais amis des lumières et des progrès, doit en vouloir; je ne regrette qu'une chose, c'est que nous n'ayons pas le temps de prolonger notre entretien, et de continuer à nous prémunir contre ces nouveautés si dangereuses pour les esprits superficiels ou ignorants.

EUGÈNE.

Vous nous permettrez bien, mon Père, d'y revenir une autre fois, et de vous demander encore quelques éclaircissements?

LE PÈRE.

Oui, mes enfants, et ce sera mon bonheur de seconder vos bonnes dispositions; quand on cherche à s'instruire avec un esprit droit, on trouve la vérité, et quand on a le cœur pur, on la sent alors et on la goûte.

Mais priez souvent Notre-Seigneur, qui s'appelle la vérité et la vie, de vous conserver la foi chrétienne; demandez-lui que tant de blasphêmes que l'on proclame hautement dans ces assemblées contre sa divinité, contre son Eglise, contre sa parole ne retombent pas en malédiction sur ceux qui les profèrent et sur ceux qui les entendent avec indifférence; que ce divin Sauveur ne les punisse pas en exauçant leurs vœux impies, en finissant la religion pour eux, mais qu'il les éclaire et touche leur cœur, pour qu'ils comprennent que hors de lui il n'y a que ténèbres et mort.

TROISIÈME CONVERSATION.

LES PRÉCÉDENTS.

—

EUGÈNE.

Vous nous parliez hier, mon Père, de ces prédicateurs d'une nouvelle religion; nous avons bien
retenu tout ce que vous aviez la bonté de nous dire
là dessus : nous voyons qu'ils commencent comme
tous les incrédules et les hérétiques, par calomnier
le Christianisme et par le rendre ridicule pour combattre ensuite le fantôme qu'ils se sont fait.

LE PÈRE.

Oui, mon cher ami, et je ne crois pas qu'on
puisse imaginer rien de plus extravagant que de
dire, comme ils le font, que le Christianisme est ennemi des progrès, des sciences et de l'industrie,
c'est vraiment se moquer du sens commun et de
l'expérience de tous les siècles.

EUGÈNE.

Mais j'oubliai hier de vous demander une chose
par où nous aurions dû commencer. Auguste nous
a bien dit que ces nouveaux docteurs prêchent dans

notre ville depuis quelques jours, mais d'où viennent-ils?

AUGUSTE.

De Paris, dit-on.

EUGÈNE.

Et depuis quand se sont-ils mis à prêcher?

AUGUSTE.

Je l'ai demandé à quelques-uns de mes voisins; ils m'ont assuré que c'était depuis quelques mois seulement.

THÉOPHILE.

Et auparavant, de quelle religion étaient-ils?

AUGUSTE.

Ah! je n'en sais rien : je crois fort qu'ils n'étaient d'aucune.

LE PÈRE.

Je présume qu'ils sont sortis des rangs de certains philosophes qui, ayant déserté le Christianisme, n'ont pas encore de doctrine bien arrêtée; ils font profession de chercher partout la vérité en fait de religion.

THÉOPHILE.

Ils sont bien fous de s'imaginer que depuis six mille ans que Dieu a créé les hommes avec une ame raisonnable et sensible, il les a laissés dans l'ignorance sur la vérité d'une religion : au lieu de chercher, que n'ouvrent-ils les yeux, la vérité est toute trouvée.

EUGÈNE.

Comment donc ?

THÉOPHILE.

La vérité, c'est Jésus-Christ; il a été promis au premier homme; il est venu en disant qu'il était la seule lumière véritable : qui l'a trouvé n'a plus besoin de rien chercher.

LE PÈRE.

Sans doute, mes amis, mais cette vérité ces hommes la haïssent. Notre-Seigneur disait, en parlant des hommes indociles de son temps : « Ils « n'ont pas voulu me recevoir et me reconnaître « parce que leurs actions étaient mauvaises; ils « fuient la lumière de peur que leurs œuvres n'en « soient éclairées. » Ceux-ci veulent des vérités toutes matérielles qui ne touchent point aux passions, et ils semblent affligés que le Christianisme leur aie révélé leur noblesse spirituelle et leurs immortelles destinées.

EUGÈNE.

Puisqu'ils ne reconnaissent pas Jésus-Christ, ils ne sont donc plus chrétiens; ce sont donc des païens ?

LE PÈRE.

Ils ont probablement été baptisés, et à ce titre, malgré eux, ils sont chrétiens; mais, puisqu'ils ont renoncé à leur baptême, ce sont des chrétiens apostats.

THÉOPHILE.

Sais-tu, Auguste, quel est leur premier maître et leur chef?

AUGUSTE.

Ils n'en ont point encore parlé; comme on les appelle Saint-Simoniens, j'ai demandé plusieurs fois à mes voisins, dans leur assemblée, quel était ce Saint-Simon dont ils prennent le nom : personne n'a rien su m'en dire.

EUGÈNE.

C'est sans doute ce nom de Saint-Simon qui en impose aux gens simples du peuple : ils les prennent pour les disciples de quelque saint.

LE PÈRE.

Qui sait s'il ne se trouvera pas quelques hommes assez grossiers pour cela? Mais, Auguste, si l'on n'a pu te dire ce qu'était ce Saint-Simon, je peux, moi, satisfaire ta curiosité.

EUGÈNE.

Vous nous ferez grand plaisir.

LE PÈRE.

Claude-Henri de Saint-Simon naquit à Paris en 1760. Il eut pour précepteur d'Alembert, l'un des chefs des philosophes ennemis de la religion. Il fit la guerre de l'indépendance en Amérique; ayant quitté le service, il se jetta dans de grandes spéculations financières sur les domaines nationaux; maître d'une fortune considérable, et tourmenté du besoin de célébrité, il entreprit de refaire son éducation sur un nouveau plan tout matériel. En 1807, il commença à publier ses premiers ouvrages, pleins de rêveries et de choses ridicules; ils furent accueillis avec le mépris qu'ils méritaient. Malgré toutes ses libéralités pour accréditer sa doctrine, ses autres écrits n'eurent pas un meilleur sort. Enfin, ayant presque entièrement dissipé sa fortune, et ne pouvant parvenir au but que son orgueil s'était proposé, de dépit il résolut de se délivrer de la vie, et se tira un coup de pistolet.

EUGÈNE.

Quoi! les nouveaux apôtres ont pour maître un suicide!

LE PÈRE.

Oui, mais heureusement le coup ne fut pas mortel, il n'eut d'autre résultat que de le priver d'un œil. Il paraît que Saint-Simon recommença à dogmatiser; il publiait un journal très peu connu, et rassemblait chez lui quelques disciples; enfin le 15 mai 1825, il mourut, et sa famille, qui depuis long-temps avait cessé tout rapport avec lui, ne parut point à ses obsèques; ce fut un de ses disciples qui en fit les frais.

Voilà donc, mes enfants, au nom de qui on vient prêcher à une nation chrétienne ! N'y voyez-vous pas une terrible, mais juste punition de Dieu sur une génération indifférente et incrédule ? Ces hommes si fiers de leur raison, voilà le maître qu'ils reconnaissent, eux qui rougissent de s'appeler Chrétiens, ils se font gloire de se nommer Saint-Simoniens !

THÉOPHILE.

Quelle honte pour des hommes qui se vantent de s'être affranchis de toute dépendance, et de marcher de progrès en progrès ! mais je voudrais bien savoir à quoi se réduit leur doctrine? Nous le demanderons à Auguste, si vous voulez bien le permettre, mon Père.

AUGUSTE.

Je n'ai assisté qu'à leur première séance, et ils n'y ont parlé, comme je vous l'ai dit, que contre le Christianisme, sans rien établir de leur doctrine; ainsi je ne pourrais vous satisfaire.

LE PÈRE.

Pour moi j'ai lu un de leurs livres, et je peux vous dire quel est le fond de tout leur système; je suis sûr que dès que vous l'aurez connu, vous en serez étonnés.

Leur premier article de doctrine, c'est que tous

les biens doivent être mis en commun, pour qu'ils soient répartis à chacun selon sa capacité et son travail.

EUGÈNE.

A ce compte je sais bien quelqu'un qui ne sera pas leur disciple; si M......... était obligé de leur apporter sa grosse fortune pour recevoir selon sa capacité, je crois qu'il y aurait dans sa maison un grand changement !

LE PÈRE.

Ils n'en soutiennent pas moins ce principe fondamental; par celui-ci jugez des autres. Je ne peux y voir autre chose qu'un juste jugement de Dieu, qui punit ces esprits superbes. Tant de fois ils ont traité de folie sa divine religion, et maintenant ils avancent eux-mêmes les plus sottes absurdités !

AUGUSTE.

On dit pourtant qu'au milieu de beaucoup de rêveries ils avancent, par-ci par-là, quelques vérités, et c'est pourquoi des journaux les recommandent comme pouvant être utiles sous certains rapports.

LE PÈRE.

L'ose-t-on bien soutenir sérieusement! Quoi! ce sera un bien qu'ils prêchent l'erreur, parce qu'à travers leurs erreurs il se trouvera par hasard quelque vérité! autant vaudrait applaudir à des empoisonneurs qui, en distribuant à tous les passants des poisons mortels, donneraient à quelques-uns des aliments salutaires.

AUGUSTE.

Mais enfin, si c'est leur opinion, s'ils croient ainsi, ne leur est-il pas bien libre de prêcher leur doctrine ?

LE PÈRE.

On dirait presque, Auguste, qu'ils t'ont déja converti, tant tu mets d'intérêt à soutenir leur cause.

AUGUSTE.

Oh! à Dieu ne plaise, mon oncle, je connais trop ma religion, je lui suis trop attaché de cœur, de conviction et de pratique, pour rien faire ou rien dire qui lui soit opposé; mais je ne fais que vous répéter ce que j'ai entendu dire.

LE PÈRE.

Eh bien! ceux qui le disent, mon cher ami, n'y ont pas réfléchi; s'ils ont cette opinion, qu'ils la gardent, c'est un malheur pour eux, et nous les en plaindrons bien sincèrement. Mais quelle nécessité de venir ainsi parmi nous séduire les simples et abuser de la crédulité des ignorants? Un homme raisonnable, un chrétien, peut-il trouver bon que de vains discoureurs viennent ainsi attaquer la religion de ses pères, sous prétexte qu'il y a toujours à prendre, dans ce qu'ils disent, quelque vérité utile ? Quelle vérité utile peuvent-ils nous enseigner que nous ne trouvions, dans le saint Évangile, mieux enseignée encore, et avec toutes les autres vérités qu'ils attaquent et veulent anéantir? Ces quelques demi-vérités que des étourdis iront entendre de leur bouche, les dédommageront-elles de leur foi altérée, peut-être perdue et de toutes les vertus remises en question? Laissons à des animaux immondes à aller chercher dans la boue quelques grossiers aliments.

AUGUSTE.

J'ai vu des gens qui en espèrent au moins une autre genre de bien; ils pensent que par là, la religion catholique sera engagée à se conformer un peu plus aux circonstances des temps et aux besoins du siècle.

LE PÈRE.

Il paraît que ces gens-là ne croient pas à la divinité de la religion.

AUGUSTE.

Je vous demande pardon, ce sont des chrétiens qui pensent ainsi.

LE PÈRE.

Eh bien! ils ne pensent guère en chrétiens. Si la religion est de Dieu, elle est immuable comme celui de qui elle vient. Il n'y a qu'une religion fausse qui puisse varier selon les siècles et les intérêts.

Dieu a envoyé Jésus-Christ; Jésus-Christ a envoyé les apôtres, et les apôtres doivent transmettre aux hommes jusqu'à la fin, par leurs successeurs, sans interruption, la doctrine de leur divin Maître, dans toute son intégrité. La mission de l'Église catholique, c'est de conserver et de prêcher, non de changer; elle voit tout changer autour d'elle, seule elle ne change pas. Ainsi, il faut désespérer de voir la religion se modifier pour se conformer aux prétendus besoins du siècle; mais que le siècle conforme sa croyance et ses mœurs aux divins enseignements de cette religion véritable, et il y trouvera à satisfaire ce besoin de vérité, de vertus et de progrès dont il est travaillé.

THÉOPHILE.

Vous ne trouvez donc pas que la société ait rien à gagner à cette nouvelle doctrine?

LE PÈRE.

Je crois au contraire qu'elle n'a qu'à y perdre; à moins que Dieu qui sait tirer le bien du mal ne se serve de ce déluge de folles doctrines et de systêmes extravagants, pour faire sentir à tous les hommes raisonnables la nécessité de s'attacher de plus en plus à la foi immuable de leurs pères. O mes chers enfants! si chacun était bon chrétien, chrétien instruit, éclairé, vertueux, la réforme sociale qu'on cherchera toujours vainement ailleurs s'opérerait d'elle-même.

LYON. IMPR. DE LOUIS PERRIN.

Doctrine

DES

SAINT-SIMONIENS.

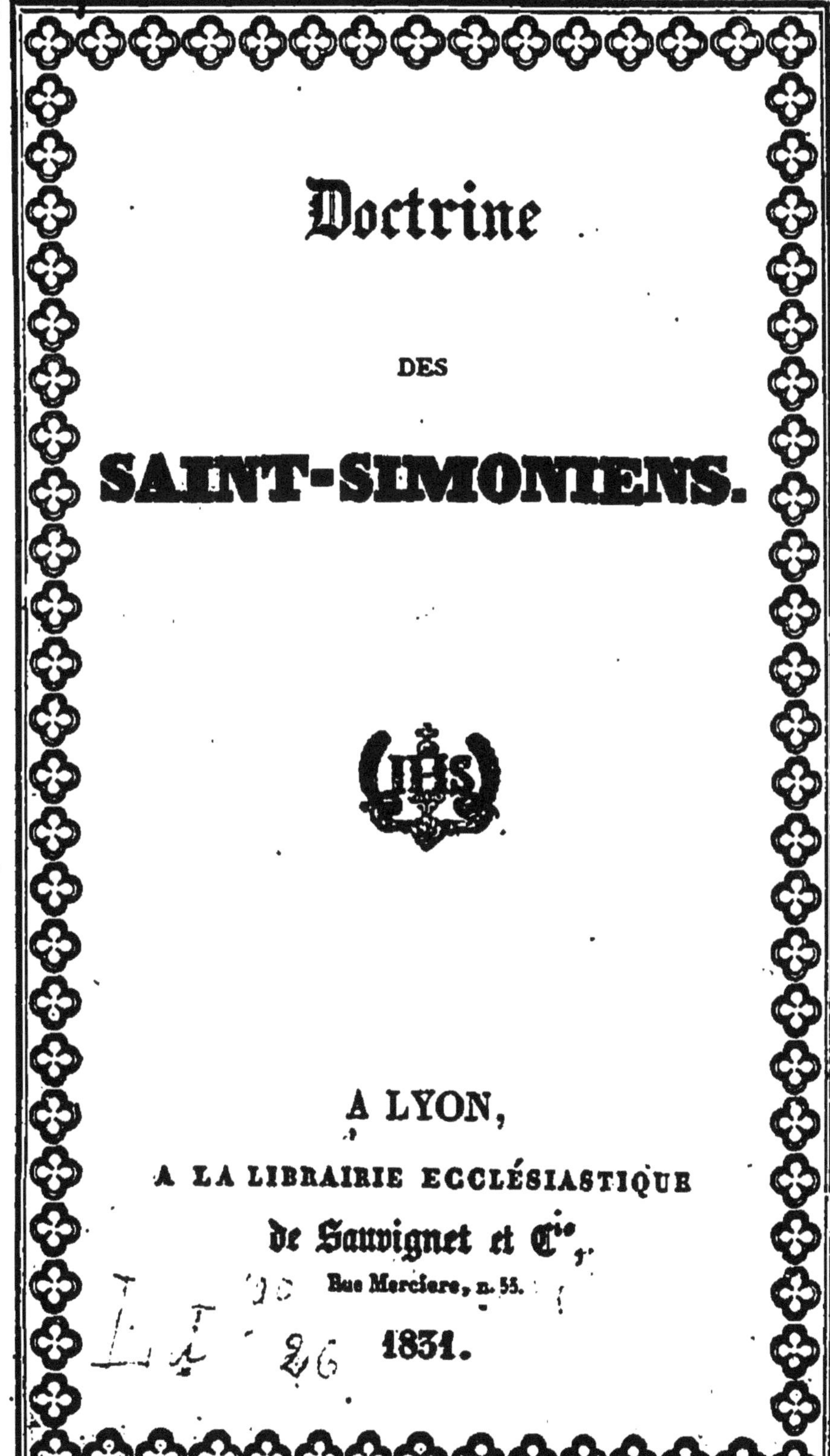

A LYON,

A LA LIBRAIRIE ECCLÉSIASTIQUE

de Sauvignet et Cⁱᵉ,

Rue Mercière, n. 55.

1831.

DOCTRINE

DES

SAINT-SIMONIENS

❋

•

Tout en se disant sages,
ils sont devenus fous, et Dieu les a livrés à un sens dépravé;
en sorte qu'ils ont fait des actions indignes de la raison.
(Épit. de S. Paul aux Romains,
ch. I. v. 22 et 28.)

❋

A LYON,

A LA LIBRAIRIE ECCLÉSIASTIQUE

DE SAUVIGNET ET Cᵉ,

Grande rue Mercière, nº 55.

1831.

DOCTRINE

DES SAINT-SIMONIENS

PREMIER ENTRETIEN.

LOUIS ET STANISLAS.

—

LOUIS.

Je viens de voir M. Paul; et j'en suis encore tout
ému.

STANISLAS.

Explique-toi, je te prie.

LOUIS.

Oui : si tu avais vu ce vénérable vieillard, aussi
bien que nous, tu aurais été attendri ! Quelle profonde affliction ! comme il élevait vers le ciel ses
yeux baignés de larmes !

STANISLAS.

Quelle était donc la cause de sa douleur ?

LOUIS.

Hélas ! la cause de sa douleur ne nous est point
étrangère. Ce saint vieillard a voulu aller entendre
les nouvelles doctrines que l'on prêche dans notre
ville ; mais à la vue de ce tissu de blasphèmes et
d'impiétés, il est sorti en se bouchant les oreilles.

Comme le vieillard Polycarpe, il disait à Jésus-Christ : « Pour quel temps, Seigneur, m'avez-vous « donc réservé ? »

STANISLAS.

On dit cependant que ces doctrines absurdes font peu de prosélites.

LOUIS.

M. Paul n'en jugeait pas ainsi : il crut voir, dans l'absurdité avec laquelle on accueillait les blasphêmes de l'orateur, un terrible jugement de Dieu sur cette génération. Si tu l'avais entendu répéter, avec un profond sentiment de tristesse, ces mots : Malheureuse France, tu as enfin reçu des maîtres selon tes désirs !..... Il disait encore : Quoi ! dans une ville de Lyon, une école publique d'athéisme, d'immoralité et de sédition !... M'adressant ensuite la parole, il a ajouté : Les siècles païens n'offrent rien de semblable ; on a l'exemple de quelques malheureux qui prêchaient en secret l'athéisme ; mais aussitôt la société se hâtait de se délivrer de semblables monstres, de crainte qu'ils n'attirassent sur elle la vengeance du Ciel contre lequel ils s'élevaient ; et aujourd'hui, au milieu d'une nation chrétienne, on affiche que tel jour, à telle heure, on prêchera contre l'existence de Dieu, ou contre toute vertu, contre toute vérité ; et non seulement on le souffre, mais l'on voit des chrétiens accourir à de semblables prédications.

Non, non, à la fin la justice de Dieu se fera sentir.

STANISLAS.

Je crois cependant que la curiosité y est pour beaucoup.

LOUIS.

Je le pense bien ainsi ; mais M. Paul m'a assuré avoir vu des pères et des mères qui ne manquent jamais de conduire leurs enfants à ces assemblées.

STANISLAS.

Les malheureux ! ils seront bien les premiers à recueillir les fruits des tristes leçons que leurs enfants reçoivent à une telle école.

LOUIS.

Oui ; mais le châtiment des pères et des mères ne rendra pas aux enfants et leur foi, et leur vertu, et leur honneur : or, c'est ce qui doit faire gémir les gens de bien.

STANISLAS.

Il faut vraiment que les hommes aient été livrés par le Seigneur à un esprit de vertige. Avoir une si profonde indifférence pour la vérité et la vertu , et puis montrer tant d'empressement pour le mal et l'erreur; c'est ce que je ne comprendrai jamais. Est-ce qu'il est dans le cœur de l'homme de ne prendre intérêt qu'au mensonge et au vice ? Ne sommes-nous donc pas nés pour la vertu et la vérité?

LOUIS.

Je ne serais pas éloigné de partager ton sentiment, et de penser que Jésus-Christ , pour punir ces esprits superbes de leur orgueil et du mépris qu'ils ont fait de sa divine doctrine, les a livrés à leur sens réprouvé; en sorte que, comme dit saint Paul, *s'étant évanouis dans leurs propres pensées, ils disent et font ce qui ne convient pas :* car, il faut avouer, d'après ce que m'en a dit M. Paul, que leur doctrine ferait rougir des sauvages. Leurs dogmes, s'ils étaient admis par une nation, ne pourraient manquer de la conduire, en peu de temps, à l'état de barbarie le plus complet.

STANISLAS.

Je voudrais bien pouvoir entendre de la bouche même de M. Paul l'exposition de ces mauvaises doctrines. Un esprit aussi juste et aussi éclairé n'aura pas manqué d'en démêler tout le venin et toute l'impiété; de plus, je ne doute pas qu'il ne nous présentât à ce sujet les plus belles considérations sur la vérité de notre foi.

LOUIS.

Si tu veux nous irons demain passer la soirée chez lui. Je connais sa bonté; il se fera un plaisir de nous faire part de ses lumières, et de nous confirmer dans les principes de notre religion.

DEUXIÈME ENTRETIEN.

LES PRÉCÉDENTS, M. PAUL.

LOUIS A M. PAUL.

Nous avons recours à votre charité. Comme nous avons souvent à parler à des jeunes gens qui fréquentent les assemblées dites des Saint-Simoniens, nous désirerions avoir au moins une idée générale de ces nouvelles doctrines ; car plusieurs en font l'éloge au préjudice de la foi chrétienne, et trouvent mauvais qu'on les combatte. Il nous semble que si nous connaissions les erreurs des faux apôtres, il nous serait plus facile de fermer la bouche à ceux qui s'en font les disciples par une aveugle crédulité.

M. PAUL.

Je suis sensible, mes amis, à la confiance que vous me témoignez; et votre zèle à vous prémunir contre les fausses doctrines me console de la douleur que m'a causée l'indifférence de bien des jeunes gens pour leur foi.

STANISLAS.

Nous ne voudrions cependant pas troubler vos occupations.

M. PAUL.

Non, mes amis, vous ne les troublerez pas; car j'étais précisément à lire sur ce sujet quelques chapitres de la sainte Écriture, pour y chercher de la consolation. J'ai lu le premier chapitre de là première épître de saint Pierre, et je commençais le deuxième. Il me paraît très intéressant : l'apôtre semble y dépeindre trait pour trait les prédicateurs Saint-Simoniens. Cette lecture vous intéressera, et vous verrez en même temps comme le Saint-Esprit a eu soin de prémunir les fidèles contre toutes sortes de séductions. Tiens, Louis, lis à haute voix.

LOUIS.

Très volontiers… (*Il prend le livre et lit*): « Or,
« comme il y a eu de faux prophètes parmi le peu-
« ple juif, il y aura aussi parmi vous de faux doc-
« teurs, qui introduiront en secret de pernicieuses
« hérésies, et qui renonçant au Seigneur qui les a
« rachetés, attireront sur eux-mêmes une soudaine
« ruine. Leurs débauches et leurs impuretés seront
« suivies de plusieurs qui, par leurs déréglements,
« exposeront la voie de la vérité à la médisance
« des infidèles, et qui, vous séduisant par des pa-
« roles artificieuses, trafiqueront de vos ames pour
« satisfaire leur avarice ; mais leur condamnation,
« qui est résolue il y a long-temps, s'avance à grands
« pas, et la main qui doit les perdre n'est pas en-
« dormie. »

M. PAUL.

On ne pourrait mieux désigner les prédicateurs
Saint-Simoniens, qu'en disant qu'ils trafiquent des
ames. Mais, Louis, je t'ai interrompu, j'aurais dû
te laisser continuer.

LOUIS *continuant la lecture.*

« Mais le Seigneur exercera surtout sa justice con-
« tre ceux qui, pour satisfaire leurs désirs impurs,
« suivent les mouvements de la chair, qui mépri-
« sent les puissances, qui sont fiers et audacieux,
« qui sont amateurs d'eux-mêmes, et qui blas-
« phémant la saine doctrine, ne craignent point
« d'introduire de nouvelles sectes, et de maudire
« ceux qui sont élevés en dignité…. Mais ces hom-
« mes qui, comme des animaux sans raison, ne

« suivent que les mouvements de la nature, atta-
« quant par leurs blasphèmes ce qu'ils ignorent,
« et déchirant par leurs médisances et leurs ca-
« lomnies ce qu'il y a de plus digne de respect,
« périront dans les infamies où ils se plongent, et
« deviendront la proie des démons. C'est ainsi qu'ils
« recevront la récompense que mérite leur ini-
« quité. »

M. PAUL.

Remarquez le tableau qui suit ; les Saint-Simoniens y sont dépeints trait pour trait.

LOUIS *continuant.*

« Ils mettent la félicité à passer chaque jour dans
« les délices : ils s'y abandonnent de telle sorte,
« qu'ils ne sont qu'ordure et infamie, et que ce
« ne sont qu'excès dans leurs festins. Ils ont les
« yeux pleins d'adultère et d'un péché qui ne cesse
« jamais. Ils attirent à eux, par des amorces trom-
« peuses, les ames légères et inconstantes. Ils ont
« dans le cœur toutes les adresses que l'avarice
« peut suggérer. Ce sont des enfants de malédic-
« tion. Ils ont quitté le droit chemin et se sont éga-
« rés en suivant la voie de Balaam, fils de Bosor,
« qui aima la récompense de ses iniquités. Ce sont
« des fontaines sans eau, des nuées qui sont agi-
« tées par des tourbillons. De noires et de profon-
« des ténèbres leur sont réservées pour l'éternité ;
« car tenant des discours d'insolence et de folie,
« ils amorcent les hommes par les passions de la
« chair et les voluptés sensuelles auxquelles ils per-
« mettent de s'abandonner, promettant la liberté,

1 *

« tandis qu'eux-mêmes sont esclaves de la cor-
« ruption (1). »

STANISLAS.

Le tableau n'est pas flatteur.

M. PAUL.

Eh bien ! mes amis, je puis vous assurer qu'il ne présente pas un seul trait qui ne se retrouve dans MM. les Saint-Simoniens. Notre Seigneur en a usé avec nous comme un bon père envers sa famille. Ce père sachant que des séducteurs doivent s'y introduire, envoie à ses enfants leur signalement, et les malheureux sont tout surpris de se voir découverts et reconnus dès qu'ils paraissent. Nous avons, pour ainsi dire, le signalement de tous les impies, de tous les hérétiques, sous quelque forme qu'ils se présentent : il ne reste donc plus qu'à les confronter avec eux-mêmes, et à leur montrer leur condamnation déja portée.

LOUIS.

Puisque vous nous l'assurez, je ne doute pas que les Saint-Simoniens n'aient tous les caractères de ces hommes abominables contre lesquels S. Pierre a prémuni l'Église ; cependant vous nous feriez grand plaisir, si vous vouliez bien nous donner quelques détails sur leur doctrine.

M. PAUL.

Oui, mes amis, c'est bien ce que je me proposais ; car l'exposé seul de cette doctrine en est la meilleure réfutation et le plus sûr préservatif pour tout homme de bien.

(1) Première Épit. de St Pierre, chap. 1.

STANISLAS.

Que pensent donc des Saint-Simoniens touchant la Divinité ?

M. PAUL.

Ils ne reconnaissent pas de Dieu.

STANISLAS.

Cependant j'ai lu quelques-uns de leurs discours , et le nom sacré du Seigneur s'y trouve répété quelquefois à profusion.

M. PAUL.

C'est uniquement pour en imposer aux simples ; car pressés de s'expliquer à ce sujet, ils ont clairement déclaré qu'ils ne croyaient point à un Dieu distingué de la matière ; ainsi ce qu'ils appellent Dieu , c'est ce monde.

Dieu , disent-ils , *c'est le tout ; et tout est Dieu.* Cette affectation donc de dire qu'ils reconnaissent un Dieu , est dans leur bouche une pure déception.

LOUIS.

Mais si ces Messieurs disent que Dieu est *tout* , et que tout est Dieu , cette pierre , cet arbre , cet animal , sont donc Dieu , ou du moins une partie de Dieu ?

M. PAUL.

Sans doute , et c'est précisément ainsi qu'ils l'expliquent.

LOUIS.

Alors ils devront rétablir l'idolâtrie.

M. PAUL.

Oui , s'ils sont conséquents ; car , je pense bien qu'ils veulent accorder des honneurs à leur Dieu ; or, comme dans leur système tout est Dieu, il s'en suit qu'ils doivent tout adorer : et les pierres, comme certaines castes d'Indiens ; et le soleil et les astres, comme autrefois les Perses ; et les plantes et les plus vils animaux, comme les Égyptiens.

LOUIS.

Vraiment, je ne me serais jamais imaginé que des hommes qui se glorifient de leur esprit, pussent en venir à de semblables absurdités.

M. PAUL.

Ceci nous fait comprendre de quoi est capable l'esprit humain, une fois qu'il n'est plus éclairé de la lumière éternelle de Dieu.

STANISLAS.

Ainsi, M.*** qui refusait de reconnaître Jésus-Christ notre Seigneur pour son Sauveur, son maître et le Fils éternel de Dieu, reconnaîtra pour sa divinité son chat ou son chien ; en vérité, un malin pourrait dire que le dieu sera digne de l'adorateur et l'adorateur du dieu.

LOUIS.

Mais, si ces Messieurs rejettent l'existence d'un Dieu subsistant de toute éternité, et par qui tout ce qui est a été créé, comment expliquent-ils donc l'existence de l'univers ?

M. PAUL.

Il ne faut pas, mon ami, demander des explications raisonnables dans des systèmes où tout est absurde. La doctrine des Saint-Simoniens étant un amas de mille erreurs anciennes, qu'y a-t-il d'étrange, qu'on y trouve aussi toutes les contradictions et toutes les absurdités qui ont jamais été avancées ? Comment donc me serait-il possible de te rapporter toutes leurs explications, véritable galimathias orné seulement de mots sonores pour couvrir des idées incohérentes. En voici seulement une qu'ils donnèrent dans une de leurs dernières séances; par celle-là vous pourrez juger des autres.

STANISLAS.

Bon, bon !

M. PAUL.

« La matière, dirent-ils, était d'abord comme de petites molécules agitées dans les airs; ces molécules se groupèrent et formèrent une sorte de mousse; cette mousse allait toujours en se perfectionnant, on en vit sortir une espèce de poisson recouvert d'écailles; de progrès en progrès parut le singe; puis du singe perfectionné est venu l'homme, qui se trouve ainsi la portion de Dieu la plus parfaite. »

STANISLAS.

Comment, c'est-là l'origine qu'ils nous assignent ! ces hommes si fiers consentent à se regarder comme une vile matière un peu plus perfectionnée; ils ne rougissent pas de se donner pour la postérité des singes !

M. PAUL.

Votre étonnement, mes amis, ne me surprend pas; moi-même en entendant de leur bouche ces absurdités, j'en pouvais à peine croire à mes oreilles.

LOUIS.

Il n'est pas possible de ravaler davantage l'humanité. Des Chrétiens instruits de leur divine origine, peuvent-ils bien aller entendre une doctrine si dégradante ?

M. PAUL.

C'est la pensée qui m'affligeait , lorsque promenant mes regards sur l'assemblée , je remarquais une foule de personnes qui paraissaient avoir encore quelque sentiment. Alors je me rappelais ce que disent nos saints livres en parlant des impies : *L'homme s'est comparé aux animaux sans raison, et il leur est devenu semblable* (1).

STANISLAS.

Ces Messieurs admettent-ils une autre vie ?

M. PAUL.

Non, car ils ne reconnaissent rien au delà de ce monde, qu'ils appellent le grand tout.

STANISLAS.

Quelle différence alors mettent-ils donc entre un oiseau ou une plante et un homme, après la mort?

M. PAUL.

Un de mes amis leur a fait cette question : voici leur réponse : « Nous voyons actuellement qu'il y a « une différence entre l'animal, la plante et l'homme ; « nous devons donc présumer qu'il existera aussi « une différence après leur commune dissolution ; « mais quelle sera cette différence? nous ne le sa- « vons pas encore précisément. »

LOUIS.

Ah ! qu'ils sont donc à plaindre ! n'avoir d'autre espérance que la pourriture du tombeau, et sans pouvoir se dire en quoi ils différeront tous de la

(1) Ps. 48. v. 13.

plante! Comment peuvent-ils ne pas regretter les immortelles espérances que leur donnait la religion chrétienne ?

STANISLAS.

Il résulte au moins de ce beau système que les Saint-Simoniens n'admettent ni peines ni récompenses après la mort.

M. PAUL.

Oui, et c'est un de leurs principaux dogmes; car, selon eux, il n'y a point de méchants. Ceux auxquels on donne ce nom, sont seulement moins parfaits; mais leur imperfection même entre dans le perfectionnement du grand tout.

STANISLAS.

Ainsi, bons et mauvais, tous auront donc le même sort !

M. PAUL.

C'est-à-dire, selon leur explication, que tous restent dans le grand tout pour continuer à le perfectionner ; mais cependant ils leur assignent un plan différent. Je suis sûr, Stanislas, que tu ne devinerais pas quel doit être après la mort la récompense des bons Saint-Simoniens.

STANISLAS.

Non certes, et je ne m'en charge pas, car ce sont toujours de nouvelles absurdités !

M. PAUL.

Eh bien ! vous allez les entendre : les bons, disent-ils, décriront une ligne oblique qui ira toujours en se rapprochant de Dieu, c'est-à-dire du grand tout, à proportion qu'ils auront été plus parfaits ; les méchants au contraire décriront une égale ligne, mais en sens inverse : en sorte qu'ils iront toujours en s'éloignant du tout, à proportion qu'ils auront été plus imparfaits.

STANISLAS.

Les bons chiens, les bons chevaux, les bons mulets seront-ils sur la même ligne avec les bons Saint-Simoniens ?

M. PAUL.

Pourquoi pas ? il semble même qu'ils doivent être les premiers ; car si nous n'avons point d'ame, il faut avouer que la plupart des animaux valent mieux que nous, leur corps étant plus fort et mieux constitué.

LOUIS.

Ah ! je comprends maintenant pourquoi ces Messieurs s'annonçaient comme des régénérateurs de la société, appelés à la conduire de progrès en progrès jusqu'à son perfectionnement indéfini !

STANISLAS.

Oui, mais il paraît que c'est une régénération à rebours dont ils voulaient parler ; car d'un seul coup, ils nous reportent aux siècles de barbarie et de la plus stupide idolâtrie.

M. PAUL.

Ainsi ces hommes si pleins de leur propre excellence, feront eux-mêmes, par leurs extravagances, l'apologie et la justification de la religion chrétienne ; « car en se disant sages, ils sont de-« venus fous, et ils ont porté leur folie jusqu'à un « tel excès, qu'ils ont transféré l'honneur qui « n'est dû qu'au Dieu incorruptible, à l'image

« d'un homme corruptible et à des figures d'oiseaux.
« de bêtes à quatre pieds et de serpents (1). »

LOUIS.

Quand on entend de telles absurdités , le cœur se resserre , on a presque honte d'être homme !...

M. PAUL.

Eh bien ! mes amis, pour vous consoler, je vous conseille de lire les premiers chapitres dans nos saints livres de la Genèse , et quelques psaumes de David, où Dieu et l'homme sont dépeints d'une manière si admirable. Ah ! quelles grandes et nobles idées nos saints livres nous donnent de la Divinité et de nous-mêmes ! Dieu , c'est un esprit existant de toute éternité , renfermant en lui toutes les perfections ! et donnant à toutes les créatures l'être, le mouvement et la vie ; voilà en abrégé ce qu'ils nous en apprennent. Pour l'homme, ils nous enseignent qu'il a été créé par ce grand Dieu à son image et ressemblance ; mais l'homme par son infidélité est déçu de sa beauté primitive et originelle. Jésus-Christ Fils unique de Dieu est venu le réparer et le rendre participant de la nature même de Dieu. Ainsi, bien que nous ayons eu un commencement nous serons éternels comme le Dieu qui nous a faits ; car nous irons de clarté en clarté , jusqu'à ce que nous allions nous perdre dans cet abyme de grandeur , de puissance et de vie..... Voilà , mes amis, des progrès bien glorieux et bien consolants ; puissent vos amis le comprendre , et travailler de concert avec vous à s'en rendre dignes.

(1) Épit. aux Romains, chap. 1. v. 23.

TROISIÈME ENTRETIEN.

LES PRÉCÉDENTS.

—

M. PAUL.

Je ne vous dis rien hier, mes amis, de la morale des Saint-Simoniens, c'est cependant un point essentiel, et qui mérite l'attention des hommes sages, amis de l'honneur, de la probité et de la vertu.

LOUIS.

La morale ! mais si, comme le disent ces Messieurs, il n'y a point de Dieu ; si nous ne sommes qu'une matière pensante, la morale ne doit plus être qu'un vain nom.

M. PAUL.

En effet, ils enseignent expessément qu'il n'y a ni bien ni mal.

STANISLAS.

Comment, ce n'est pas mal de mentir, de voler, de se parjurer, de se souiller par des actions honteuses ?

M. PAUL.

Du moins les Saint-Simoniens le prétendent ; car, disent-ils, ces actions contribuent à leur manière, au progrès de l'humanité, de même à peu près que les maladies entrent dans l'économie du corps humain.

STANISLAS.

Cependant nous voyons dans tous les temps, même chez les nations les plus barbares, que ces actions ont toujours été punies.

M. PAUL.

Ce n'est pas ce qui embarrasse ces Messieurs ; ils répondent que c'était un effet de l'ignorance, mais aujourd'hui les lumières ont été portées à un tel point, que l'on a reconnu que c'était aussi bien d'être voleur que juste, d'être intempérant que sobre, menteur que véridique.

LOUIS.

Mais, ils lisent bien dans les saintes écritures que plusieurs actions sont expressément condamnées, et ceux qui se les permettent menacés d'éternels supplices.

M. PAUL.

Pour les saintes écritures, outre qu'ils ne les ont jamais bien lues, ils ne croient point à leur autorité.

LOUIS.

Et leur conscience, comment pensent-ils lui imposer silence ; car, sans nul doute, elle condamne leurs paroles et leurs actions ?

M. PAUL.

A la fin, la conscience se cautérise et devient comme d'intelligence avec les passions.

STANISLAS.

Il m'est venu tout à l'heure une pensée : si l'on prenait aux Saint-Simoniens leurs biens, si on les calomniait, si on déshonorait leur famille, diraient-ils que cela n'est pas mal ?

M. PAUL.

J'en doute fort, car ils paraissent très susceptibles, et je suis même persuadé qu'ils se regarderaient comme très offensés de s'entendre appeler ravisseurs de bien d'autrui, orgueilleux, perturbateurs de la paix, hommes sans honneur et sans droiture, ou de quelqu'autre nom qui pourrait cependant assez bien leur convenir.

LOUIS.

Quelle inconséquence ! prêcher qu'il n'y a ni bien ni mal ; et puis, malgré soi, être obligé de rougir de certaines actions, ou bien chercher à en repousser l'accusation comme d'une infamie !

STANISLAS.

Il faudrait envoyer ces Messieurs dans les bagnes et les prisons ; ah ! je voudrais bien les voir au milieu de cette agréable société, qui après tout ne serait qu'un petit échantillon de la grande société qu'ils prétendent faire, comme ils seraient écoutés ! je suis persuadé que leur auditoire ne leur donne pas des applaudissements aussi sincères que ceux qu'ils recevraient dans ces lieux. Jamais les meurtriers, les parricides, les voleurs et les autres scélérats auraient-ils entendu un langage si flatteur : quelle agréable surprise quand ils entendraient les Saint-Simoniens leur dire : Vous êtes tous des hommes vertueux, ce n'est qu'un malheureux préjugé qui est cause que l'on vous retient ici, mais assurement bien à tort, car vous n'avez pas moins contribué que les autres aux progrès de l'humanité.

LOUIS.

Pour moi , je suis convaincu que bien des coupables se rendraient plus de justice , et ne pourraient se persuader qu'ils sont innocents.

M. PAUL.

Je crois bien , en effet, que ces Messieurs, malgré leur éloquence , auront de la peine à persuader que le mensonge, le vol , le parjure, etc., sont des actions louables ; quel est le père qui croira jamais que c'est bien à son enfant de lui désobéir , de lui manquer de respect et de se révolter contre lui ? quel est l'époux qui verra d'un œil indifférent son épouse violer la foi conjugale ? quel est l'homme qui regardera comme choses indifférentes la justice , et la fraude , la vérité et le mensonge , la piété et l'irréligion ? Lorsque surtout on est victime de ces crimes , on n'est guère porté à en faire l'apologie , et l'autre jour un de mes amis me faisait remarquer que de semblables actions n'étaient approuvées que par ceux qui se les permettaient.

STANISLAS.

Eh bien ! c'est pourquoi je ne voudrais pas avoir pour amis des hommes qui mettent en principe , qu'*il n'y a ni bien ni mal.*

M. PAUL.

Je le crois bien : aussi la famille de Saint-Simon a-t-elle rougi de compter ce malheureux parmi ses membres , et elle l'a renié autant qu'il a été en son pouvoir de le faire (1). Si donc le chef de tous a

---

(1) Claude-Henri de Saint-Simon naquit à Paris en 1760. Il eut pour précepteur d'Alembert, l'un des chefs des philo-

été un homme tellement infame que sa propre famille en a eu horreur, par où les disciples espèrent-
ils nous inspirer pour eux les sentiments contraires?

LOUIS.

Ce qui m'étonne, c'est que de tels hommes se
parent encore des dehors de la vertu, et en affec-
tent le langage. Car dans leurs écrits, ils ne parlent que de paix, d'union et d'amour.

M. PAUL.

Puisque le démon même se transforme en ange
de lumière, faut-il s'étonner que ses ministres, se
transforment en prédicateurs de la vertu? Quant

sophes ennemis de la religion. Il fit la guerre de l'indépendance en Amérique; ayant quitté le service, il se jeta dans
de grandes spéculations financières sur les domaines nationaux; maître d'une fortune considérable, et tourmenté du
besoin de célébrité, il entreprit de refaire son éducation sur
un nouveau plan tout matériel. En 1807, il commença à publier ses premiers ouvrages, pleins de rêveries et de choses
ridicules; ils furent accueillis avec le mépris qu'ils méritaient. Malgré toutes ses libéralités pour accréditer sa doctrine, ses autres écrits n'eurent pas un meilleur sort. Enfin,
ayant presque entièrement dissipé sa fortune, et ne pouvant
parvenir au but que son orgueil s'était proposé, de dépit il
résolut de se délivrer de la vie, et se tira un coup de pistolet; mais le coup ne fut pas mortel, il n'eut d'autre résultat
que de le priver d'un œil. Il paraît que Saint-Simon recommença à dogmatiser; il publiait un journal très peu connu,
et rassemblait chez lui quelques disciples; enfin le 15 mai
1825, il mourut, et sa famille, qui depuis long-temps avait
cessé tout rapport avec lui, ne parut point à ses obsèques;
ce fut un de ses disciples qui en fit les frais.

à ces beaux mots de paix, d'union et d'amour, ils ne peuvent en imposer qu'aux esprits légers et superficiels. Car quelle paix, quelle union, quel amour peut-on espérer là où tous les liens de paix, d'union et d'amour sont rompus ? Les Saint-Simoniens ne reconnaissent point de Dieu, enseignent qu'il n'y a ni bien ni mal, prêchent la révolte contre toute autorité. Or, je vous le demande, est-il un homme sensé qui puisse se laisser persuader qu'il jouira du bonheur dans une telle société? Ne devrait-il pas, au contraire, se croire condamné à une espèce d'enfer; et en vérité, quelle image plus vive de l'enfer, avec toutes ses horreurs, qu'un assemblage d'hommes vivant sous de tels principes ?

STANISLAS.

J'avoue qu'une semblable doctrine me paraît vraiment la doctrine des démons : c'est comme le résumé de tout ce que la malice de ces esprits mauvais a jamais inspiré à l'homme pour sa perte.

M. PAUL.

Vous voyez aussi dans les apôtres Saint-Simoniens les mêmes artifices qui furent employés au commencement par l'ange des ténèbres pour séduire nos premiers parents. Nos saints livres nous rapportent que le démon disait à nos pères « Comment! on vous interdit l'usage de ce fruit! Votre Dieu vous a menacé de la mort ! point du tout, vous ne mourrez pas; mais vous serez semblables à des dieux. » Une triste expérience nous a appris qui de Dieu ou du démon les trompait. De même, les Saint-Simoniens, fidèles apôtres de l'esprit qui les anime, viennent dire à l'homme : « Quoi ! on vous défend ces actions si douces cependant aux sens ! on vous menace d'une mort éternelle ! Ah ! ceux qui vous parlent ainsi sont des ennemis de votre bonheur et de votre liberté ; quittez, quittez donc ces vaines craintes; non, il n'y a point d'enfer, mais vous serez comme des dieux. » Ils l'ont dit, et la suite montrera si la parole de Dieu sera moins fidèle qu'au commencement. Les malheureux verront un jour s'il n'y a point de Dieu, parce qu'ils avaient dit dans leur cœur qu'il n'y en avait point ; ils verront s'il n'y avait ni bien ni mal, parce qu'ils étaient devenus corrompus et abominables dans leurs voies; ils verront enfin s'il n'y aura pas de châtiment éternel, parce qu'ils n'en voulaient point.

LOUIS.

Grace à vos lumières, Monsieur Paul, nous saurons maintenant à quoi nous en tenir sur les doctrines des Saint-Simoniens, quand certains étourdis, qui n'approfondissent rien, entreprendront de nous en faire l'éloge.

STANISLAS.

Qu'ils viennent me parler des progrès de l'humanité, lorsque tout leur système de religion repose sur des principes d'ignominie et de honte pour cette humanité déja si dégradée; lorsque, d'un seul coup, ils nous font rétrograder jusqu'aux siècles de barbarie et d'idolâtrie qui précédèrent la venue du Sauveur.

M. PAUL.

Les fruits que ne manqueront pas de produire dans la société ces funestes principes, serviront à en inspirer encore plus d'horreur à tous les gens de bien. Admirable providence de Dieu, qui fait trouver le remède dans le mal même ! car rien de plus propre à nous attacher invisiblement à Jésus-Christ, que la vue des égarements de ceux qui abandonnent ce seul et éternel Maître.

QUATRIÈME ENTRETIEN.

LES PRÉCÉDENTS.

—

LOUIS.

Vous savez, M. Paul, ce que nous disions hier en nous quittant; eh bien ! précisément, un instant après, je rencontrai un de mes amis qui revenait d'une assemblée saint-simonienne. Tout plein de ce que nous venions de dire, je voulus lui montrer tout ce que cette doctrine a d'impie et d'absurde ; mais sans essayer de me répondre directement, il prétendit qu'après tout cette doctrine favorisait les progrès de la liberté, et que c'était là l'essentiel.

M. PAUL.

Eh bien ! tu aurais pu lui dire hardiment que la liberté des Saint-Simoniens réalisée, serait le plus dégradant de tous les esclavages.

STANISLAS.

C'est cependant là ce qui fait en partie leur fortune ; car, dans le temps où nous sommes, ce mot de *liberté* est vraiment magique.

M. PAUL.

Il faut que les hommes soient aveugles pour ne pas voir qu'avec ce beau mot de liberté on les conduit à l'anarchie et à l'esclavage.

LOUIS.

Ces Messieurs ont-ils quelquefois défini ce qu'ils entendaient par liberté.

M. PAUL.

Sans doute : selon eux, la liberté consiste *à faire ce qu'on aime* ; et, à ce compte, vous voyez que leurs disciples peuvent aller loin : ainsi tout penser, tout dire, tout faire impunément quand cela plaît : voilà la liberté. Mais alors qui empêchera les sujets, quand il leur plaira, de se révolter contre leur roi, les administrés contre leurs magistrats, les enfants contre leur père, les serviteurs contre leurs maîtres ?

STANISLAS.

Dans ce cas-là, les Saint-Simoniens doivent être contents ; car, depuis un an, ce n'est dans tout l'univers que révoltes, séditions, insubordinations, désordres de tout genre.

M. PAUL.

C'est précisément pourquoi ils félicitent l'univers de marcher à la liberté ; c'est ce qu'ils appellent l'émancipation du monde.

STANISLAS.

Belle émancipation qui finira par l'anéantissement de la société !

LOUIS.

Tu nous dis là, Stanislas, une chose bien ef-
frayante.

M. PAUL.

Elle n'en est pas moins vraie; car avec les principes des Saint-Simoniens on ne peut plus prévoir
où l'on s'arrêtera, et je crains bien, comme Stanislas, que nous n'allions de désordre en désordre,
et de crime en crime jusqu'à la plus horrible anarchie et à la plus entière démoralisation, pour finir
ensuite par nous éteindre comme tant d'autres
nations que le christianisme avait rendues si floris-
santes.

LOUIS.

Je ne crois cependant pas que quelques prédicateurs qui se rendent de plus en plus méprisables,
puissent opérer un tel bouleversement dans l'univers.

M. PAUL.

Aussi, mes craintes ne viennent-elles pas des
déclamations de ces étourdis; mais ce qui m'épou-
vante, c'est qu'ils ne sont que les organes de l'impiété qui aspire à soumettre le peuple entier à son
empire. Voyez comme on affecte depuis plusieurs
années de mettre, pour ainsi dire, Dieu hors de
la société : or, que peut être une société sans
Dieu, un édifice sans fondement, un corps sans
ame?

LOUIS.

Mais les prédicateurs Saint-Simoniens ne disent-
ils pas que cette dissolution de la société n'est
qu'un passage à un état plus parfait qu'ils viennent
établir ?

M. PAUL.

Ce sont bien là en effet leurs folles prétentions ; mais à quel homme raisonnable persuaderont-ils que la société sera plus parfaite, lorsqu'elle sera comme un vil troupeau d'animaux stupides, sans autre règle que leurs appétits sensuels, sans autre lois que le fouet de leurs conducteurs.

STANISLAS.

C'est ce que disait l'autre jour aux partisans des Saint-Simoniens un fervent Chrétien qui, touché de voir ces malheureux répandre avec tant de licence dans la société leurs principes destructeurs, eut à ce sujet avec eux une altercation fort vive. Las de les entendre répéter avec affectation les mots de *progrès*, de *liberté*, il se tourna, et leur montrant un troupeau qui paissait tout près de là, il leur dit : Eh bien ! Messieurs, après que vous aurez tout détruit, quelle différence y aura-t-il entre les hommes et ces stupides animaux ?

LOUIS.

Et que répondirent les Saint-Simoniens ?

STANISLAS.

Ils furent d'abord interdits de cette brusque saillie ; mais revenus un peu à eux-mêmes, ils cherchèrent à faire ressortir la supériorité de l'homme par les grands avantages de la raison dont il est doué.

M. PAUL.

Mais cette raison, ne sera-t-elle pas comme étouffée par les passions ? Les païens aussi, ont la raison ; or, Messieurs les Saint-Simoniens voient de leurs propres yeux dans quel état de dégradation ils demeurent, tant que Jésus-Christ ne les arrache pas à leurs ténèbres. D'ailleurs, que nous parlent-ils de raison, puisqu'ils ne laisseront plus l'homme libre de la suivre; car il faut bien remarquer, mes amis, que la liberté des Saint-Simoniens, qui maintenant n'est autre chose qu'une licence effrénée, ferait bientôt place au plus dégradant esclavage.

LOUIS.

Et comment, je vous prie ?

M. PAUL.

La chose est bien claire, car Messieurs les Saint-Simoniens en niant Dieu, ne prétendent rien de moins que de se substituer à sa place en se rendant arbitres et de nos devoirs et de nos destinées. Vous savez leur grand principe : *A chacun selon sa capacité, et à chaque capacité selon ses œuvres;* or, qui sera juge et des capacités et des œuvres? Messieurs les Saint-Simoniens bien entendu. Les voilà donc arbitres des fortunes et des destinées de tous les hommes.

STANISLAS.

Quoi ! par mes travaux et mon industrie je me serais acquis une fortune honnête, et je ne pourrais pas la faire passer à mes enfants par droit d'héritage ?

M. PAUL.

Non, ce sera à Messieurs les Saint-Simoniens à en disposer et à juger si vos enfants doivent y avoir quelque part.

STANISLAS.

Mais c'est briser tous les liens de la famille et de la société.

M. PAUL.

N'importe , ce sont leurs principes , et vous avez lu quelques passages de leurs discours , où ils s'élèvent fortement contre le droit d'hérédité , et même depuis quelques jours , dit-on , ils ne ménagent pas les riches.

STANISLAS.

Et si je voulais être médecin , avocat , notaire , il faudrait donc me soumettre à l'examen des Saint-Simoniens ?

M. PAUL.

Oui, s'ils sont conséquents dans leurs principes ; et si tu n'es pas jugé avoir la capacité , il faudra bien te contenter de demeurer dans le rang qu'il plaira à ces Messieurs de t'assigner.

STANISLAS.

Et si je voulais me marier ; par exemple , si je trouvais une alliance avantageuse et honorable , est-ce que je ne serais pas libre de la contracter ?

M. PAUL.

Non, Stanislas, ces Messieurs te diraient que ce n'est pas à toi à te choisir une femme, qu'ils savent mieux ce qu'il te faut que toi-même.

STANISLAS.

Mais si la femme qu'ils me donneraient ne me convenait pas ?

M. PAUL.

N'importe , on te dirait que c'est comme cela qu'il te la faut, vu ta capacité ; pourrais-tu ne pas être content ?

STANISLAS.

Leur despotisme n'a donc point de bornes ?

M. PAUL.

Non , il s'étend à tout : et je pourrais vous rapporter des chapitres entiers de leurs ouvrages consacrés à démontrer que c'est à eux à régler et la politique , et la morale , et la religion , et la conscience , et les contrats , et les liens , et tout ce qui peut intéresser l'homme.

STANISLAS.

Ah ! Dieu nous préserve de la liberté des Saint-Simoniens. Les nègres de nos colonies ne voudraient pas échanger leur esclavage contre une telle liberté.

M. PAUL.

Oui , mes amis , prions le Seigneur de ne pas permettre qu'en punition de notre mépris pour la vraie liberté que Jésus-Christ nous a acquise par son sang , nous devenions le jouet d'un foule d'hommes criminels qui trafiquent de nos ames pour satisfaire leur avarice et leur ambition.

LOUIS.

Je crois cependant que nous pouvons nous rassurer ; car tout le monde aura de plus en plus horreur d'une religion que l'on peut , à juste titre , nommer la religion du crime.

M. PAUL.

Je sais , mes amis , comme le dit saint Paul de tous les hommes corrompus dans l'esprit , et pervertis dans la foi , que les progrès des faux prédicateurs ont leurs bornes marquées , et que leur folie sera manifestée à toute la terre ; mais je crains que le Seigneur ne nous laisse auparavant *manger* , selon l'expression de la sainte Écriture , *du fruit de nos iniquités.*

LOUIS.

Non , je l'espère , Jésus-Christ se laissera toucher par les prières de tant de fervents Chrétiens , dont la foi devient tous les jours plus vive. Ce déluge de faux docteurs qui semblait devoir anéantir l'Église n'aura servi qu'à nous affermir dans notre croyance. Tous leurs efforts finiront par rendre plus sensible cette vérité , que l'établissement de la Religion chrétienne par douze pauvres pêcheurs ne peut être que l'œuvre de Dieu.

M. PAUL.

Puisse notre divin Maître écouter tes vœux et confondre ses ennemis par eux-mêmes ! Ils voulaient, disaient-ils , des preuves de fait ; ils les donnent eux-mêmes ces preuves , et la sagesse de Dieu sera justifiée par la folie des enfants des hommes. Mais , mes amis , ne cessons de prier ; lisons sans cesse les saintes Écritures , repoussons avec horreur toute nouveauté de doctrine , nous souvenant toujours que Jésus-Christ est la voie , la vérité et la vie.

LYON. IMPR. DE LOUIS PERRIN.

LOUIS BABEUF, éditeur.

DOCTRINE

DE

SAINT-SIMON,

MISE A LA PORTÉE DE TOUT LE MONDE.

Toutes les institutions sociales doivent avoir pour but l'amélioration du sort moral, physique et intellectuel de la classe la plus nombreuse et la plus pauvre.

Tous les privilèges de la naissance sans exception seront abolis.

A chacun selon sa capacité, à chaque capacité selon ses œuvres.

LYON.
RUE SAINT-DOMINIQUE, N° 2.
1831.

AVIS DE L'ÉDITEUR.

Les disciples de Saint-Simon ont depuis quelques années attiré l'attention des esprits avancés sur tous les grands problèmes de la société; mais les ouvrages dans lesquels leur théorie est développée sont trop volumineux et d'un prix très-élevé. L'Éditeur a cru être utile au public, en publiant des notions sur tous les points les plus importans.

VIE ET MISSION

DE

SAINT-SIMON.

❦ ❖ ❦

Saint-Simon naquit à l'époque où la grande œuvre de destruction de la philosophie du 18ᵉ siècle venait d'être terminée et où la révolution dont elle avait semé le germe devait commencer à se produire et à se développer. Dominé dès son enfance par l'idée qu'il avait de grandes choses à accomplir, il comprit qu'il fallait donner à ses travaux une tout autre direction que celle qu'avaient prise les philosophes qui avaient surtout eu pour but de ruiner l'ancien ordre de choses politique et religieux, et il voua sa vie à rechercher les élémens d'organisation qui devaient succéder à ceux qui avaient été renversés. Issu de la famille des ducs de Saint-Simon, mais entraîné par l'amour de l'affranchissement des sociétés, il fit sous Lafayette la guerre de l'indépendance en Amérique et y demeura jusqu'en 1782; mais ne se laissant point préoccuper par l'enthousiasme militaire, il méditait au milieu des camps sur les grands travaux auxquels il voulait consacrer sa vie; voici ce qu'il écrit lui-même à ce sujet:

« La guerre en elle-même ne m'in-
« téressait pas, dit-il, mais le but de
« la guerre m'intéressait vivement, et
« cet intérêt m'en faisait supporter les
« travaux sans répugnance. Je veux la
« fin, me disais-je souvent, il faut
« bien que je veuille les moyens....
« Mais le dégoût pour le métier des
« armes me gagna tout-à-fait quand
« je vis approcher la paix. Je sentis
« clairement quelle était la carrière
« que je devais embrasser. Ma voca-
« tion n'était point d'être soldat; j'étais
« porté à un genre d'activité bien dif-
« férent, et, je puis dire, contraire.
« Etudier la marche de l'esprit hu-
« main, pour travailler ensuite au
« perfectionnement de la civilisation,
« tel fut le but que je me proposai.
« Je m'y vouai, dès-lors, sans par-
« tage; j'y consacrai ma vie entière,
« et, dès-lors, ce nouveau travail

« commença à occuper toutes mes for-
« ces. Le reste du temps que j'ai sé-
« journé en Amérique, je l'ai employé
« à méditer sur les grands évènemens
« dont j'étais témoin ; j'ai cherché à
« en découvrir les causes, à en préve-
« nir les suites.

« J'entrevis, dès ce moment, que
« la révolution d'Amérique signalait
« le commencement d'une nouvelle
« ère politique ; que cette révolution
« devait nécessairement déterminer
« un progrès important dans la civili-
« sation générale ; et que, sous peu
« de temps, elle causerait de grands
« changemens dans l'ordre social qui
« existait alors en Europe. »

Ses prévisions ne tardèrent pas à
s'accomplir, la révolution de 1789 vint
délivrer la France du joug du passé,
mais n'ayant produit aucun principe
capable d'enfanter l'ordre elle laissa la

société dans un état d'oscillation dont rien ne faisait prévoir l'issue. Il ne fit qu'apprécier de mieux en mieux la nécessité d'une nouvelle doctrine générale qui résumât tous les progrès accomplis par l'humanité en dehors du christianisme et présentât aux sociétés le type nouveau d'organisation dont elles avaient besoin.

Après avoir assuré par la réalisation de vastes opérations financières la fortune qui était un aliment nécessaire à la tâche immense qu'il entreprenait, il se mit hardiment au travail; il chercha d'abord s'il n'existerait pas dans la science quelque germe qui pût fournir la solution qu'il recherchait; lié avec les savans les plus distingués de son temps, il travailla pendant quinze ans dans la direction scientifique, et finit par acquérir la certitude que ce n'était pas des savans qu'il fallait attendre la production d'un ordre nouveau. Il se voua alors à l'étude de l'industrie générale et de l'économie politique, et sans cesse en activité, publia sur cette matière d'importans travaux, l'*Industrie*, l'*Organisateur*, le *Politique*, le *Catéchisme des industriels* forment une série non interrompue où il déposa sous la restauration l'ensemble de ses hautes conceptions. Cependant sa fortune s'était peu à peu affaiblie et ses nombreuses publications achevèrent de l'épuiser entièrement ; voici ce qu'il écrivait :

« Depuis quinze jours je mange du
« pain et je bois de l'eau, je travaille
« sans feu et j'ai vendu jusqu'à mes
« habits pour fournir aux frais des co-
« pies de mon travail. C'est la passion
« de la science et du bonheur public,
« c'est le désir de trouver un moyen
« de terminer, d'une manière douce,

« l'effroyable crise dans laquelle toute
« la société européenne se trouve en-
« gagée, qui m'ont fait tomber dans
« cet état de détresse. Ainsi c'est sans
« rougir que je puis faire l'aveu de ma
« misère et demander les secours né-
« cessaires pour me mettre en état de
« continuer mon œuvre. »

Jusque là Saint-Simon quoiqu'uniquement conduit par son ardent amour
pour l'humanité et le désir de la sortir
de la crise où elle se trouvait engagée
n'avait nullement senti que l'œuvre
qu'il avait à accomplir était une œuvre
souverainement religieuse; placé successivement au point de vue scientifique, économique, politique, il lui
restait à se placer au point de vue le
plus élevé qu'il soit donné à l'homme
d'occuper, au point de vue religieux;
abandonné de tous, méconnu de ceux
qu'il avait élevés et secourus, abreuvé

d'amertume, écrasé sous le poids acca-
blant de sa vie de souffrance, ses forces
l'abandonnèrent un instant, il céda
et voulut mettre fin lui-même à son
existence, mais le coup qu'il avait di-
rigé contre lui ne l'atteignit pas, il ne
devait pas périr. Cet acte de désespoir
termine sa vie de philosophe, sa vie de
révélateur commence; il sent en lui
une nouvelle force, une nouvelle grandeur, déclare que le jour est venu
où le règne de Dieu doit descendre
sur la terre, et dans son *nouveau
christianisme* ouvrant à l'humanité une
ère nouvelle, il se pose en face des
rois comme un homme destiné à
faire connaître aux peuples la volonté de la providence dont l'expression
varie sans-cesse à mesure que l'humanité se développe. Saint-Simon mourut le...... 1825 dans les bras d'un
seul disciple en lui disant : « Mon fils,

« ayez courage; l'avenir est à nous. »
Après sa mort plusieurs années ont été
consacrées à l'élaboration des idées
éparses dans la multitude d'ouvrages
qu'il a publiés et à leur coordination
autour de l'idée fondamentale consi-
gnée dans son nouveau christianisme.
Le nombre de ses disciples était fort
restreint, mais depuis la révolution de
juillet qui ouvre à la société l'espoir
des progrès en lui assurant la destruction de l'ancien ordre de choses, le
nombre des hommes qui se rallient
autour de sa bannière a considérable-
ment augmenté; un but nouveau est
signalé à la religion et à la politique
par cette société naissante.

Toutes les institutions sociales doivent avoir pour but l'amélioration la
plus rapide possible sous le rapport
moral intellectuel et physique du sort
de la classe la plus nombreuse et la
plus pauvre.

Tous les priviléges de la naissance sans exception doivent être abolis.

Chacun doit être placé suivant sa capacité et rétribué suivant ses œuvres.

DOCTRINE

SAINT-SIMONIENNE.

§ I.

Désordre dans la société. — Tous les hommes divisés par l'intérêt individuel. — Les *sciences* DÉSUNIES et privées de force. — L'industrie sacrifiée par la CONCURRENCE. — Les *beaux arts* détruits par *l'égoïsme.* — Nécessité d'un ORDRE NOUVEAU.

La société européenne actuelle est divisée en deux partis bien distincts.

L'un qui veut nous faire rétrograder vers les *anciennes idées*, nous ramener le pouvoir suprême du clergé, le droit divin, et tous les abus endurés par nos pères pendant plusieurs siècles; l'autre parti qui veut faire prévaloir les nouvelles idées, qui veut la souveraineté du peuple, l'égalité des droits, la tolérance de toutes les religions. Ces deux partis opposés soutiennent une lutte, un combat terrible que la DOCTRINE NOUVELLE fera cesser en apportant au monde une PAIX, un LIEN D'AFFECTION, qui feront marcher les hommes avec AMOUR, avec ORDRE vers une destinée COMMUNE et qui donnera à la société un caractère D'UNION et de SAGESSE; plus de *rivalité*, plus *d'opposition*, plus de *concurrence*; la DOCTRINE NOUVELLE n'en reconnaît pas. Elle les proclame des obstacles au bonheur de l'humanité.

La PAROLE DE PAIX sera entendue du

monde entier, parce que l'homme marche vers sa perfection.

Les souvenirs de la lutte perpétuelle entre les *intérêts anciens* et les *intérêts nouveaux*, dans laquelle nous avons tous été appelés à devenir acteurs, nous donnent de l'éloignement pour un ensemble d'actions *communes*. Nous croyons y voir un nouveau joug semblable à celui que nous avons réussi à briser. Tout ce qui paraît devoir ramener *l'ordre* et *l'unité* nous devient suspect, entaché de despotisme; notre jugement dominé par une injuste méfiance nous porte à croire que l'état présent *d'isolement individuel, d'anarchie sociale* est le plus favorable à notre bonheur. Nous craignons toute organisation régulière parce que nos yeux obscurcis y aperçoivent la servitude. Désabusons-nous; Saint-Simon né pour la régénération du genre humain nous apporte l'ordre nouveau avec ces lois :

A chacun selon sa capacité,

A chaque capacité selon ses œuvres.

Tous les priviléges de la naissance sans exception seront abolis.

Toutes les institutions sociales doivent avoir pour but l'amélioration du sort moral, physique et intellectuel de la classe la plus nombreuse et la plus pauvre.

Si nous envisageons l'état de la société, nous y remarquons des *savans*, des *industriels*, des *artistes*; tous sont réduits à des travaux *isolés*, tous sont privés de la force si puissante de l'association. Le savant se livre à des recherches, et fait des découvertes souvent faites avant lui; son travail et ses sacrifices inutiles à la science, sont nuisibles à ses intérêts particuliers; en l'absence d'une *hiérarchie intellectuelle* les efforts isolés ne font pas marcher la science et en arrêtent les développemens.

L'industriel est loin de marcher vers la perfection avec la rapidité dont il serait capable, aidé d'une meilleure organisation. La plupart des maîtres et des ouvriers ne connaissent de leur art que les vieilles routines ; parce que chacun travaille pour soi-même sans s'inquiéter des travaux des autres, si parfois un nouveau procédé est découvert, l'inventeur au lieu d'en faire profiter la société le garde pour lui, et en fait un mystère le plus long-temps qu'il peut ; de là un retard considérable dans le progrès, résultat nécessaire d'un travaille *individuel*. Ce n'est qu'après un grand nombre d'années qu'une découverte se propage et devient utile aux masses. *L'industriel* étranger aux intérêts de la société n'a qu'une pensée : *l'égoïsme* ; dans ses concurrens il ne voit que des ennemis, dont la chute lui procurerait un avantage. Est-il possible que privés de guides, le manufacturier, le commerçant, sachent toujours proportionner les produits à la consommation ? leur position sur des points particuliers ne leur permet pas cette juste appréciation. Aussi voit-on en même temps dans un lieu, les marchandises fabriquées à vil prix, l'ouvrier sans travail et sans pain; et dans un autre les bras manquer à l'agriculture. Cet excès de production d'un côté, cette disette de bras de l'autre causent les faillites du commerce et la misère des ouvriers. On cherche à justifier ce déplorable état de l'industrie, en disant : LAISSEZ FAIRE, la concurrence et le temps finissent par tout niveler. On peut répondre avec raison : mais en attendant que faire de ces milliers d'hommes affamés ? Si on établit une machine à vapeur là où cent ouvriers étaient occupés, elle les plongera dans la misère, jusqu'à ce que réduits à s'expatrier, à changer d'état, ils se soient procurés de nouveaux travaux, qui leur seront peut-être enlevés comme les premiers. Il y a donc pour *l'industriel* comme pour le *savant*, absence d'un but commun, indispensable à leur progrès; ce but, ce LIEN, manque aussi aux *beaux-arts* appelés à nous révéler les sentimens d'une sympathie profonde pour une vie *commune*, toute D'ORDRE, D'AFFECTION, D'AMOUR et dont l'heureuse influence se fera ressentir sur les joies et les voluptés de la vie *privée*.

§ II.

L'avenir de PAIX et d'UNION annoncé par SAINT-SIMON est-il possible ?

Si nous consultons l'histoire des temps anciens, nous voyons l'homme marcher avec persévérance vers une PERFECTIBILITÉ toujours croissante. L'ES-CLAVAGE et la guerre qui l'alimentait, font place à la *philosophie*, qui elle-même nous donne le *christianisme* et *l'égalité fraternelle* ; une longue suite de siècles consacre cette nouvelle organisation ; les savans, les bourgeois, le *tiers-état*, la détruisent, changent des formes vieillies, réforment la noblesse féodale, proclament l'égalité des droits.

L'homme marche donc nécessairement vers un avenir meilleur, il n'appartient à aucune puissance de le ravir à sa destinée, mais s'il veut hâter sa marche, qu'il bannisse toute incertitude, qu'il écoute la PAROLE nouvelle, qu'il se réconcilie avec ses frères : les TEMPS SONT ACCOMPLIS où les hommes ne formeront qu'une seule famille ; l'heure va bientôt sonner où TOUS *seront appelés*, où TOUS *seront élus*.

§ III.

L'homme marche vers une ASSOCIATION pacifique universelle.

En effet l'homme s'est toujours avancé vers l'état de PAIX et d'association

PACIFIQUE qu'un avenir prochain lui prépare. Dans l'origine les défiances, la haine divisent les *familles*, chacune aspire à la domination. Bientôt les cités prennent naissance par la réunion de plusieurs familles; des nations se forment ensuite; l'Espagne, la Germanie, les Gaules, nous en fournissent des exemples. Enfin des croyances religieuses comme le catholicisme et l'islamisme unissent diverses nations. Mais le cercle de cette UNION n'est plus assez étendu; le monde tend à se confondre dans une association UNIVERSELLE constituée POUR LE PROGRÈS, à marcher vers L'UNITÉ D'ACTIVITÉ et de *doctrine* PAR ET POUR L'AMÉLIORATION DU GENRE HUMAIN.

§ IV.

Jusqu'ici l'homme a été exploité par l'homme Il y a eu des maîtres et des esclaves ; il n y a plus que des *oisifs* et des *travailleurs*. Le droit nouveau remplace le droit de *conquête* et le droit de *naissance*.

L'esclavage, à la vérité, est loin de nous, mais *l'exploitation de l'homme par l'homme* bien qu'elle ait subi des changemens dans sa forme primitive, pèse de toute sa force dans les rapports qui existent entre les propriétaires, les maîtres, ou oisifs ; et les ouvriers ou travailleurs, ceux-ci passent avec les premiers un marché par lequel ils donnent leur travail moyennant un salaire. Mais ce marché est-il libre de la part de l'ouvrier ? non sans doute, puisque s'il n'y consentait pas il mourrait de faim le lendemain, réduit comme il l'est à vivre au jour le jour.

« Toutes les institutions civiles ont été « faites pour les PROPRIÉTAIRES , dit « Necker, on est effrayé en ouvrant le « Code des lois, de n'y découvrir partout que le témoignage de cette vé- « rité. On dirait qu'un petit nombre « d'hommes, après s'être partagé la « terre, ont fait des lois d'union et « de garantie contre la multitude, « comme ils auraient mis des abris « dans les bois pour se défendre des « bêtes sauvages. Cependant, on ose « le dire, APRÉS AVOIR ÉTABLI LES LOIS DE « PROPRIÉTÉ, DE JUSTICE, DE LIBERTÉ, ON « N'A PRESQUE RIEN FAIT ENCORE POUR LA « CLASSE LA PLUS NOMBREUSE DES CITOYENS. « Que nous importent vos lois de pro-

« priété ? pourraient-ils dire ; nous ne
« possédons rien ! vos lois de justice ?
« nous n'avons rien à défendre ! vos
« lois de liberté ? si nous ne travaillons
« pas demain, nous mourrons !

« Les PROPRIÉTAIRES, et la classe de
« la nation qui vit de son TRAVAIL sont
« des lions et des animaux sans défense
« qui vivent ensemble. On ne peut
« augmenter la part de ceux-ci qu'en
« trompant la vigilance des autres, et
« en ne leur laissant pas le temps de
« s'élancer. »

« Empressons-nous toutefois, dit le
« *Globe*, journal de la doctrine Saint-
« Simonienne, qui cite le passage pré-
« cédent, de rectifier nous-mêmes la
« parole de Necker, car elle est d'une
« dureté que nous sommes loin d'ap-
« prouver.

« Sans doute les propriétaires *oisifs*
« ont un intérêt différent de celui des

« *travailleurs* , évidemment l'hostilité
« est imminente et le sera tant qu'exis-
« tera ce prodigieux privilége qui per-
« met à un homme jeune et robuste
« de vivre SANS RIEN FAIRE , dans une
« société de TRAVAILLEURS, et même de
« démoraliser ces travailleurs par le
« contact de son oisiveté , mais la
« métaphore du Lion et de l'animal
« *sans défense* est fausse ; elle eut été
« juste en mettant deux lions en pré-
« sence , l'un s'affaiblissant chaque
« jour , l'autre grandissant ; mais tous
« deux usant des mêmes armes , la
« force , la ruse , la brutalité ; tous
« deux enfin prêts à la guerre : car ce
« fut la loi commune du passé ; chacun
« profite du sommeil de son adversaire
« pour le frapper ; si l'un est plus ha-
» bile, l'autre est plus féroce. Necker
« n'avait point vu le jeune Lion , dé-
« chaîné et rugissant, et il le nommait

« *animal sans défense* ; mais nous qui
« avons vu les années sanglantes de la
« révolution , nous qui savons com-
« ment jusqu'ici il a profité de ses ins-
« tans de triomphes , nous serions cou-
« pables si nous ne disions pas les con-
« ditions toutes PACIFIQUES qui peuvent
« SEULES faire obtenir à cette *multitude ,*
« *contre laquelle tant de lois ont été faites,*
« son affranchissement définitif. »

Depuis long-temps il est reconnu
que la naissance ne saurait frapper
l'homme d'incapacité ; en conséquence
il semble que les diverses classes s'unissant entr'elles, cet échange doive répartir successivement sur toutes , *l'ex-*
ploitation de l'homme par l'homme que
nous signalons. Cependant, sauf quelques exceptions, cet échange ne s'ef-
fectue pas ; la *misère* et la *fortune* se
transmettent *héréditairement* dans les familles , de là des classes de *prolétai-*

res (1) et des classes de *maîtres ou proprié-taires*. La grande masse des *travailleurs* est exploitée par les *propriétaires*. Les manufacturiers et fabricans le sont aussi, sauf à faire retomber le fardeau de cette exploitation sur les *ouvriers ou travailleurs*. Nous pensons donc que l'ouvrier peut être considéré comme le successeur du serf ou de l'esclave. Il est libre de sa personne, mais c'est là tout. Il ne peut exister qu'en subissant les conditions qui lui sont faites par ceux qui ont le droit de disposer même dans *l'oisiveté* des *instrumens de travail*.

Il est aisé d'établir que l'ouvrier, sauf sa liberté personnelle, est exploité *matériellement*, *moralement* et *intellectuellement*, comme l'esclave des temps anciens. En effet, il peut à peine vivre

---

(1) Pauvres, indigens.

de son travail et il ne travaille pas quand il veut. Il augmente encore sa misère quand il tente de se procurer un bonheur dont jouit le riche, quand il se marie pour avoir une famille ; privé d'instructions parce qu'il n'a pas le temps de la recevoir , parce que personne ne la lui donne, ni ne lui inspire le désir de l'acquérir , sa position est un obstacle à toute amélioration. Heureux si l'abrutissement dans lequel il ne tarde pas à tomber, ne le conduit à la dépravation , suite déplorable de tant de misères.

La situation dont je viens de parler est celle de la majorité de la population, et pourtant ces grandes infortunes sont à peine comprises par nos hommes d'état , malgré les nombreux avertissemens qu'ils recoivent des disciples de la DOCTRINE NOUVELLE. A l'occasion de la nouvelle loi municipale *le Globe* s'ex-

prime ainsi : « Une fois le principe
« posé que le but de la législation mu-
« nicipale doit être d'assurer la con-
« servation du système existant ; de
« tenir exhaussé ce qui est haut, de
« refouler dans la boue tout ce qui
« voudrait en sortir, de perpétuer
« l'existence simultanée d'une oisive-
« té scandaleuse et de prolétaires (1)
« misérables ; il en résulte invincible-
« ment qu'il serait dangereux d'inscrire
« parmi les électeurs municipaux qui-
« conque ne paie pas un cens élevé.
« C'est pourquoi nous proclamons,
« nous, que le système social actuel
« est odieux, qu'il consacre des iné-
« galités monstrueuses ; c'est pourquoi
« nous affirmons que la féodalité est
« encore debout, qu'elle vit dans la

____

(1) Indigens.

« personne des oisifs, qui vivent aux
« dépens des travailleurs, qui les ex-
« ploitent comme un vil bétail, et qui
« maintiennent les quatre-vingt-dix-
« neuf centièmes de la nation dans
« l'abrutissement, l'ignorance et la
« misère. »

Les propriétaires et les maîtres ne conçoivent pas non plus leur état oppressif à l'égard des ouvriers, ils supposent que leur position élevée dans la société leur appartient de *droit* naturel. Écoutons encore les interprètes de l'ordre NOUVEAU.

« Il faut rendre cette justice aux
« *oisifs*, qu'ils n'ont encore nullement
« la conscience de leur position op-
« pressive vis-à-vis des travailleurs ;
« ils ne paraissent pas se douter qu'ils
« sucent le plus pur de leur subs-
« tance; ils supposent qu'il existe un
« *droit naturel* dans lequel il est écrit

« qu'il y aura éternellement de fas-
« tueux oisifs et des prolétaires flé-
« tris; ils croient sincèrement jouir à
« titre légitime et impérissable de leurs
« revenus; ils ne s'imaginent pas que
« c'est une prime prélevée sur le tra-
« vail des classes productives, une re-
« devance essentiellement féodale,
« moins justifiable même que celle
« perçue par les seigneurs du moyen
« âge; car celle-là était la récompense
« d'un service réel; et en effet les sei-
« gneurs étaient les gardiens du terri-
« toire, les protecteurs souvent très-
« brutaux, mais enfin les protecteurs
« des populations laborieuses. »

Parmi les propriétaires oisifs plusieurs
parlent constamment des progrès de
la liberté, ils sont, disent-ils, les amis
des masses, ils veulent l'égalité des
droits, qu'ils prouvent par l'admission
de tous les citoyens aux places, aux

fonctions publiques, et ils réclament à ces titres l'amour, l'admiration des peuples, en leur offrant l'état actuel de la société comme le plus heureux qui puisse exister. Examinons si leur prétention est fondée, et commençons par exposer ce que les *oisifs* entendent par les mots : *peuple* et *popularité*. Nous laisserons encore parler les disciples de SAINT-SIMON : « A l'occasion des der-
« nières délibérations de la chambre,
« le journal des *oisifs* a exposé à ses
« lecteurs comment l'oisiveté enten-
« dait ce mot : le peuple, et ce qu'était
« à ses yeux la *popularité.*

« Or voici d'abord à peu près com-
« ment le *journal des Débats* expose sa
« théorie du *peuple* : Il y a dans la na-
« tion, 1° une classe de gros proprié-
« taires, gros censitaires, gros *oisifs*
« dépensant largement de fort beaux
« revenus; classe à laquelle nous ap-

« partenons, qui emplit la chambre
« ou les chambres, pour laquelle sont
« nécessairement réservés tous hon-
« neurs, toutes places, toutes distinc-
« tions, toutes jouissances magnifi-
« ques; qui daigne honorer les beaux
« arts de sa protection, qui les soutient
« par ses fêtes splendides.

« 2° En-dessous de cette haute région,
« de cet olympe peuplé de demi-dieux
« et de géants éligibles, vivent les gens
« du peuple, petits propriétaires, pe-
« tits censitaires *payant* de 200 à 300
« francs, petits oisifs, petites gens dont
« nous, suprêmes seigneurs, excellents
« princes, nous soignons paternelle-
« ment les intérêts; qui se reposent
« sur nous du soin de les défendre
« contre les barbares, pour lesquels
« nous faisons immensément, puisque
« nous leur ouvrons la porte des col-
« léges électoraux que nous fermons à

« ces brouillons de licenciés, d'hommes
« de lettres, de médecins, lesquels ne
« sont que des séditieux, des *pamphlé-*
« *taires.*

« C'est là le peuple, le vrai peuple,
« le seul peuple.

« En-dessous de ce peuple si bon,
« si intéressant, si dévoué à nos per-
« sonnes sacrées, se traînent une poi-
« gnée d'agitateurs, environ trente-un
« millions d'habitans sur les trente-
« deux qui habitent la France, *faux*
« *peuple, prolétaires, mendiants, canaille,*
« dont l'estime n'a aucun prix, dont
« l'affection est empoisonnée; trop heu-
« reux de suer sang et eau, de mourir
« de faim et de froid, d'être nus et
« mal abrités, pour que nous, *oisifs* de
« haute et moyenne taille, nous soyons
« grassement nourris et chaudement
« logés dans de somptueux hôtels à
« doubles fenêtres et volets rembour-

« rés, ou dans de petites maisons aux
« contrevents verts ; pour que nous
« ayons les distractions de l'opéra ou
« des boulevards ; pour que nous les
« éclaboussions, les uns de notre léger
« tilbury qui brûle le pavé, les autres
« du modeste cabriolet de place. »

« Telle est la division sociale comme
« la conçoit le journal des *oisifs;* le
« beau idéal, en fait d'organisation so-
« ciale, serait, suivant lui, celle qui
« consacrerait cette division, qui ôte-
« rait jusqu'au nom de peuple aux
« malheureux qui *souffrent le plus* et
« qui ont une *si petite part* aux avan-
« tages de la société. Suivant lui, l'état,
« la patrie, c'est l'oisiveté ; et il s'en
« explique clairement, car, à son dire,
« il n'est que les propriétaires, c'est-à-
« dire les propriétaires oisifs, dont le
« sort soit *lié à celui de la patrie.* »

Les révolutions faites jusqu'à ce jour

ont amélioré le sort de l'homme dans quelques rapports et ont surtout diminué *l'exploitation de l'homme par l'homme,* s'il en doit survenir une nouvelle, elle y mettra fin, en détruisant les rivalités commerciales par l'association de toutes les nations, de tous les hommes dans un but commun.

§ V.

De la propriété.

Selon nos préjugés la propriété est un *droit invariable.* Il semble qu'aucun changement n'y doive porter atteinte. Tous les partis sont d'accord sur ce point. Cependant si l'on veut faire cesser *l'exploitation de l'homme par l'homme,* il faut modifier la base de la propriété, empêcher que qui que ce soit puisse en prélevant une redevance sur les *instru-mens de travail,* c'est-à-dire sur l'argent, les terres, etc., vivre sans rien faire, c'est-à-dire aux dépens des autres. Dans l'ordre nouveau, l'état hérite des propriétés mobilières et en forme un fonds de production réparti ensuite entre tous les membres de l'association, *classés,* chacun selon sa *capacité ; rétri-bués* chacun selon ses *œuvres.* Le seul moyen d'acquérir la richesse sera la *capacité,* cette richesse consistera dans la jouissance viagère des biens acquis, lesquels retourneront à l'état après la mort du propriétaire.

§ VI.

Du travail et de l'industrie.

Une institution *sociale* dirige les *travailleurs*; fait le choix des entreprises. Elle dispose de tous les biens, des terres, des capitaux appelés *instrumens de travail*. Elle en surveille et dirige l'exploitation. Placée convenablement pour apercevoir le point de vue d'ensemble, elle vivifie le grand *atelier* industriel; par ses rapprorts avec toutes les villes, tous les villages, tous les lieux, avec toutes les sortes d'états, de métiers; de manufactures, elle sait où il faut envoyer des ouvriers, ou des marchandises afin que la production et la consommation soient en harmonie, afin que les meilleurs travaux soient confiés aux meilleurs ouvriers. Dans cette organisation plus de *faillites*, plus de *rivalités*. Une noble émulation développera les talens, les capacités, qui aussitôt qu'ils seront reconnus obtiendront leur récompense.

§ VII.

De l'éducation Saint-Simonienne.

Dans la société nouvelle il y aura des *artistes*, des *savans*, des *industriels*; de là trois sortes d'éducation. Cependant il y aura pour tous une éducation *générale* ou commune à tous et une éducation *professionnelle* ou spéciale. Dans la première, on initiera les individus aux rapports de la vie sociale, on développera en eux l'amour de *tous*, le désir de réunir toutes leurs volontés, tous leurs efforts dans un but *commun*, sous le triple rapport des *sciences*, des *arts* et de *l'industrie*. Dans l'éducation *professionelle* qui différera selon les capacités et les vocations, les individus seront appropriés aux divers genres de travaux nécessaires à la société, afin de devenir soit des ARTISTES, soit des SAVANS, soit des INDUSTRIELS.

Il y aura trois écoles, savoir : une pour les *sciences*, une pour *l'industrie*, une pour les *beaux arts*. Chacune de ces écoles aura ses subdivisions et celles-ci leurs écoles d'application. Les élèves après avoir été convenablement instruits, seront appelés à remplir une fonction, d'après la *capacité* qu'ils auront montrée.

§ VIII.

Lois.

Les coupables de fautes , de délits, de crimes contre l'institution ; et les contestations , civiles seront jugés par les supérieurs dans chacun des trois ordres : les *savans*, les *industriels*, les *artistes*, auxquels ils appartiendront. Ainsi, les difficultés et les questions relatives aux héritages, aux baux à loyer seront jugés par des *industriels*. En conséquence , les tribunaux de commerce se nommeront *tribunaux industriels* , et chaque commune ou *municipalité industrielle* , prendra des juges dans son sein. Les veuves, les mineurs, les vieillards sont placés par la loi ou règlement d'ordre sous la protection *communale*. La propriété retournant à la masse après la mort des individus, ne pouvant se transmettre qu'à titre de bail nouveau, il n'y aura pas de testamens, de transfers, d'expropriation, de vente, de mont-de-piété ; on ne connaîtra ni les notaires, ni les avoués, ni les agens d'affaires, toute contestation devant être tranchée par une *decision arbitrale*. Les peines à infliger pour les délits et les crimes par des juges éprouvant de la sympathie même pour les coupables seront regardées comme une *correction salutaire*, un moyen D'ÉDUCATION et non une vengeance.

§ IX.

Religion. Affranchissement des femmes.

Le but de l'enseignement religieux SAINT-SIMONIEN ou *du nouveau christianisme* est de donner une idée toujours plus grande de DIEU et d'annoncer le jour prochain de la *fraternité humaine.* La religion de SAINT-SIMON sera plus grande, plus puissante que toutes celles qui ont paru sur la terre, elle sera au dessus de tous les pouvoirs, elle règnera sur l'univers entier par une foi vive et éternelle ; aucune action humaine, ne sera, ne pourra être *en dehors de DIEU.*

L'humanité est enfin appelée à connaître la véritable religion. *L'homme de génie,* annoncé au monde, SAINT-SIMON vient la relever *magnifique, imposante,* *toute de SYMPATHIE* et D'AMOUR.

« Le christianisme a tiré les femmes
« de la servitude , disent les disciples
« de SAINT-SIMON, (Lettre à M. le pré-
« sident de la chambre des députés)
« mais il les a condamnées pourtant à
« la subalternéité, et partout dans l'Eu-
« rope chrétienne nous les voyons en-
« core frappées d'interdiction *religieuse,*
« *politique* et *civile.*

« Les Saint-Simoniens viennent an-
« noncer leur affranchissement défi-
« nitif, leur complète émancipation ,
« mais sans prétendre pour cela abolir
« la sainte loi du mariage proclamée
« par le christianisme : ils viennent au
« contraire pour *accomplir cette loi ,*
« pour lui donner une nouvelle sanc-
« tion , pour ajouter à la puissance et
« à l'inviolabilité de l'union qu'elle
« consacre.

« Ils demandent , comme les chré-
« tiens, qu'un seul homme soit uni à
« une seule femme, mais ils enseignent
« que l'épouse doit devenir l'égale de
« l'époux ; et que, selon la grâce par-
« ticulière que Dieu a dévolue à son
« sexe, elle doit lui être associée dans
« l'exercice de la triple fonction du
« temple, de l'état et de la famille , de
« manière à ce que l'*individu social* qui ,
« jusqu'à ce jour, a été l'*homme* seule-
« ment , soit désormais l'*homme* et la
« *femme.*

« La religion de Saint-Simon ne vient
« mettre fin qu'à ce trafic honteux , à
« cette prostitution légale qui , sous le
« nom de mariage, consacre si fréquem-
« ment aujourd'hui l'union mons-
« trueuse du dévoûment et de l'égoïs-
« me, des lumières et de l'ignorance,
« de la jeunesse et de la décrépitude.»
La religion Saint-Simonienne trou-

ve dans l'harmonie de l'univers l'explication de la création. Écoutons encore à ce sujet un des disciples de la doctrine :

« Et moi, au nom de Saint-Simon,
« je vous dis : Dieu n'a point tiré du
« cahos ou du néant cet univers où rè-
« gne une éternelle harmonie. Ne ré-
« pétez plus ces paroles impies qu'*un*
« *jour* il *ordonna* ou *créa* ce que vous
« appelez encore son *ouvrage*, prompt
« à rentrer dans cette inaction où il
« avait long-temps sommeillé. Levez
« les yeux, et si le spectacle sublime
« de ces astres qui décrivent en paix
« leurs orbes solennels vous remplit
« d'un inexprimable ravissement, Dieu
« vous apparaîtra plus grand dans l'é-
« ternelle majesté de cet ordre infini
« que dans cette longue solitude où,
« selon les Juifs et les chrétiens, avant
« de produire le monde ou de l'affran-

« chir du désordre , il semblait lancer
« à l'avance anathème sur sa propre
« création. »

CONCLUSION.

L'avenir nous montre le *nouveau christianisme* planant sur l'univers entraîné
irrésistiblement vers la parole *nouvelle*.

« Oui, tel est l'ordre social nouveau,
« dit M. Barraut (prédication du 20
« février), préparé par tous les travaux
« de l'humanité , justifié par le cours
« de tous les événemens lointains ou
« rapprochés ; voilà l'avenir auquel
« nous marchons sans pouvoir être ar-
« rêtés, et d'après lequel il faut régler
« le présent, si l'on veut terrasser à
« jamais le passé !
« Vous le voyez , vous avez renversé
« une odieuse dynastie ; êtes-vous en

« repos ? Le trouble , le malaise , la
« souffrance de toutes les classes de la
« société sont portés au point que le
« passé a osé, en face de la tombe des
« héros de juillet, célébrer dans des
« sortes de saturnales la victoire des
« vaincus.

« Mais l'eussiez-vous détruit jusque
« dans ses derniers vestiges, vous flat-
« teriez-vous d'une plus grande tran-
« quillité ? Non ; aujourd'hui la ques-
« tion ne se trouve plus entre le dogme
« déchu de la légitimé, l'ancienne féo-
« dalité expirant sous le nom pompeux
« de chambre des pairs, vaine et pué-
« rile réminiscence des hommes de la
« restauration, le clergé impuissant et
« la liberté. Elle n'est pas cependant,
« ainsi que le proclame un langage de
« tradition entre le *bourgeois* et le *peuple,*
« entre les *riches* et les *pauvres* ; mais
« elle est , dans des termes plus pro-

« .fonds et plus religieux , entre les oi-
« sifs privilégiés et les travailleurs ,
« dans la triple direction des *arts* , des
« *sciences* et de *l'industrie* ; entre les der-
« niers débris d'une féodalité sans gloire
« et l'ordre selon la capacité ; entre l'hé-
« rédité de la richesse et l'hérédité de
« la misère, entre le privilége de la
» science et le privilége de l'ignorance.»

On a accusé les disciples de Saint-
Simon de chercher à bouleverser la société dans ses fondemens, de renverser
toutes les existences, d'annuler tous
les droits acquis. Ces imputations de
leurs adversaires ont été victorieuse-
ment réfutées : « Mais, nous dit-on ,
« en annonçant un pareil avenir, en
« proclamant que tous , *quelle que soit*
« *leur naissance*, doivent être *classés et*
« *rétribués selon leur capacité et leurs œu-*
« *vres* ; vous venez impitoyablement

« déranger toutes les existences , vous
« portez l'effroi dans les familles , vous
« provoquez un bouleversement uni-
« versel.

« En vérité, si les existences étaient
« en général *assurées*, si la *sécurité* ré-
« gnait dans les ames, si l'homme qui
« travaille était *certain* de jouir du re-
« pos dans sa vieillesse , si les mères
« n'étaient point inquiètes sur l'avenir
« de leurs enfans, si l'ouvrier n'était
« pas sans cesse exposé à être mis impi-
« toyablement à la porte de l'atelier ,
« si l'on ne voyait pas tant d'hommes
« usés par les années et la misère , for-
« cés encore de gagner leur misérable
« existence à la sueur de leur front, et
« tant de femmes flétries avant l'âge
« par la honte et l'abrutissement, tan-
« dis que d'autres hommes et d'autres
« femmes se pavanent mollement dans
« une orgueilleuse et complète oisive-

« té ; enfin, si ces *oisifs* eux-mêmes
« étaient contens de leur sort, s'ils ne
« connaissaient point le spléen et le
« suicide, s'ils ne tremblaient pas sans
« cesse sur la perte de leur fortune,
« sur la ruine de leurs enfans, sur les
« malheurs de ces unions qu'on appelle
« mariage, alors bien certainement
« SAINT-SIMON n'aurait point paru, et
« nous ne prêcherions point sa parole.

« Nous portons l'effroi dans les fa-
« milles ! mais où donc sont ces heu-
« reuses familles, dont tous les mem-
« bres sont harmonieusement unis, se
« sentent tous attachés les uns aux au-
« tres par d'autres liens que ceux d'un
« sordide égoïsme ? Quoi ! lorsque nous
« leur annonçons que tous les enfans,
« *quelle que soit leur naissance*, recevront
« le bienfait de *l'éducation*, seront éle-
« vés selon leur *vocation*, et dirigés vers
« la *fonction* à laquelle leur capacité les

« appelle ; que tous auront , dans le
« vaste attelier social, la place , l'ins-
« trument et la rétribution proportion-
« nés à leurs facultés et leurs œuvres ;
« que les plus faibles seront soutenus
« et excités , les plus ardens retenus et
« dirigés ; qu'il n'y aura plus alors ni
« *orphelins* ni enfans *prodigues* ; ils vien-
« nent nous dire que nous brisons ce
« lien sacré qui unit le père à l'enfant,
« parce que nous déchirons le *brevet*
« *d'oisiveté* que transmet *l'héritage*, parce
« que nous repoussons ce legs de la
« barbarie qu'ils osent nommer des
« *espérances* ! Ah ! si vous voulez nous
« faire garder le silence, cachez-nous
« donc vos hospices , vos bagnes, vo-
« tre échafaud et votre morgue ; fermez
« vos maisons de jeu et de débauche ,
« fermez même votre *bourse* ! là vos
« enfans se ruinent , se déchirent et se
« tuent.

« Non, il n'est point venu briser les
« liens de la famille, celui qui, mem-
« bre d'une de ces grandes familles du
« passé, monumens ruinés de la pa-
« triarchie féodale, comptait ses pro-
« ches dans la grandesse d'Espagne et
« à la pairie française, celui qui, dans
« l'exaltation de la noble puissance
« qu'il sentait en lui, se glorifiait de
« descendre par les VERMANDOIS de
« CHARLEMAGNE, et qui pourtant, aban-
« donné des *siens*, fut contraint de MEN-
« DIER SON PAIN, ne vit près de son lit
« de mort aucun membre de son illus-
« tre famille, et fut inhumé par ses
« disciples ! Non, SAINT-SIMON n'est
« point venu détruire la famille, pas
« plus qu'il n'a détruit la noblesse et
« le clergé ; le dix-huitième siècle avait
« accompli cette tâche, et lui avait
« laissé celle de FONDER sur des bases
« nouvelles la *famille*, la *politique* et la

« Vous tous qui voulez l'ordre , la
« paix, la sécurité, ne dites donc point
« que nous *provoquons* un *bouleversement*
« *général;* ouvrez les yeux, tout est bou-
« leversé , tout tombe , tout s'écroule
« autour de vous ; trône, autel, tem-
« ple , palais. Rois ! où sont vos sujets ?
« ne s'écrient-ils pas tous : SOUVERAI-
« NETÉ DU PEUPLE ? Prêtres ! où sont ces
« fidèles qui vivaient de votre foi ? ils
« répètent tous , et vous-mêmes avec
« eux : LIBERTÉ DE CONSCIENCE ! Pères !
« où sont vos enfans ? Femmes ! où
« sont vos époux ? Maîtres ! vos servi-
« teurs dévoués ? Où sont les Patrons
« qui soutiennent et élèvent, et les
« clients sur lesquels on s'appuie et
« qu'on élève. Montrez-nous donc en-
« fin des *liens*, puisque vous prétendez
« que nous venons en briser.

« Vos enfants vous aiment, dites-
« vous, parce qu'ils voient que vous

« travaillez pour eux , parce qu'ils at-
« tendent de vous leur bien-être. Eh !
« qui vous parle de ne point travailler
« au bien-être de vos enfants ? nous
« vous disons, nous, que votre aveu-
« gle amour prépare leur malheur et
« leur ruine , s'ils savent qu'ils joui-
« ront un jour *sans travailler* , qu'ils
« consommeront *sans produire* , si ces
« nobles rejetons de votre race peu-
« vent dire : *avec les écus de nos pères*
« *nous saurons tout sans avoir rien appris.*

« Donnez , donnez largement à vos
« enfans le noble exemple de vos ver-
« tus et de l'amour qui vous entoure ;
« qu'ils brûlent de ne point *déroger* ; et
« même de dépasser leurs pères ; mais
« pour Dieu , pour vous , pour eux-
« mêmes , ne leur léguez point *l'oisi-*
« *veté.*

« Vivant dans un monde où la jeu-
« nesse n'a point d'appuis et se guides ,

« où le hasard de la naissance déter-
« mine seul la carrière que chacun doit
« parcourir, où l'intelligence et la mo-
« ralité, sans *héritage*, peuvent misé-
« rablement végéter et s'éteindre, se
« corrompre même par les pressantes
« suggestions de la misère ; dans un
« monde où toujours *seul*, et toujours
« *en lutte* avec tous, l'homme s'élève
« avec tant de peine là où ses qualités
« personnelles sembleraient devoir le
« placer, dans un monde enfin où cha-
« cun n'est point *classé selon sa capacité*
« *et rétribué selon ses œuvres*, nous con-
« cevons que vous disiez : Laissons à
« nos enfans les moyens de choisir leur
« carrière, de s'y avancer, ou même
« de n'en prendre aucune ; car toutes
« vous paraissent chanceuses, incer-
« taines ; le *travail*, en un mot, vous
« semble plus dangereux que l'oisive-
« té ; et vous ne vous trompez point,

« vous raisonnez en bon père , votre
« prévoyance est louable.

« Mais dites, quel est donc ce mon-
« de où le travail effraie un père , où
« *l'oisiveté* lui semble un port de salut
« pour son fils ? N'est-ce point un
« monde en désordre , renversé , bou-
« leversé ? Est-ce là une société d'êtres
« dont la loi est de ne vivre que par le
« travail ? et vous craindriez la lumière
« qui vient éclairer ce cahos, et mettre
« chaque chose et chaque homme a
« sa place ! »

Le monde écoûtera ces conseils, tous
les peuples se rallieront à la voix de
Saint-Simon pour proclamer le nouveau
christianisme , l'association pacifique
universelle , l'ordre nouveau.

« Celui où les peuples aujourd'hui
« divisés, en lutte constante sous mille
« formes diverses , seront religieuse-
« ment unis en *une* immense associa-

« *tion* pacifique, dans laquelle chaque
« individu consacrera ses *efforts*, ses
« *pensées* et ses *sentimens* à l'améliora-
« tion de tous et à la sienne propre,
« par le développement croissant de
« *l'industrie*, de la science et des beaux
« arts :

« Où les hommes lancés dans la
« même carrière cesseront d'être ri-
« vaux, usant entre eux de fraude et
« de violence ; où ceux qui suivront
« des carrières diverses ne seront plus
« étrangers les uns aux autres ; où cha-
« cun concourra au progrès *moral*, *in-*
« *tellectuel* et *physique* de tous, et où
« tous contribueront à combler cha-
« cun de *moralité*, de *lumières* et de
« bien-être ;

« Où *tous les priviléges* de la naissance,
« SANS EXCEPTION, *seront abolis*, et où il
« n'existera plus entre les hommes
« d'autres inégalités que celles fondées.

« sur la différence des capacités et des
« œuvres, où chacun sera classé selon
« ses forces, son savoir et sa vertu,
« et sera rétribué suivant ses mérites;

« Où il n'y aura pas *d'oisifs* consu-
« mant la substance des *travailleurs*, et
« où le repos existera seulement com-
« me récompense du travail;

« Où les chefs des travaux de la so-
« ciété dans l'ordre *moral scientifique* et
« *industriel*, seront les chefs, les gou-
« vernans des nations;

« Où il sera proclamé que le premier
« devoir des hommes privilégiés en
« *moralité*, en *science* et en *activité*, est
« d'élever à eux les hommes *abrutis*,
« *ignorans* et *inhabiles*; où toutes les
« institutions sociales auront pour but
« *l'amélioration du sort moral*, *intellec-*
« *tuel* et *physique de la classe la plus nom-*
« *breuse et la plus pauvre.* »

L'avenir de la parole nouvelle, les

préceptes de la loi de Saint-Simon, nous sont révélés.

Et maintenant, Français de 1830, c'est à vous que SAINT-SIMON parle, parce que vous êtes les représentans de l'humanité.

Ecoutez donc ! la parole du prophète est brève et féconde :

« Humanité ! ton désir est la *paix*; mais tu ne pouvais arriver à la *paix* qu'après la *guerre*, et ton histoire est la *lutte* de deux principes.

« Humanité, tu ne connais pas encore ta RELIGION, ta LOI, ta VIE! car ta RELIGION c'est l'AMOUR; ta loi c'est l'association; ta vie c'est le bonheur.

« Tu ne connais encore que les douleurs de l'enfance et les orages de la puberté; et maintenant tu deviens homme; et tu vas sentir l'amour *calme* et *puissant* de l'AGE VIRIL, et tu trouveras l'ÉPOUSE digne de la *nouvelle alliance;* car la FEMME VA SORTIR D'ESCLAVAGE.

« Humanité, tu es indéfiniment PER-FECTIBLE !

« HUMANITÉ NOUVELLE, COUPLE SAINT, TYPE GÉNÉRATEUR de l'ASSOCIATION, voici ta RELIGION :

« I. Tu AIMERAS DIEU, et tu AIMERAS L'HUMANITÉ et le MONDE ; car *l'humanité et le monde* sont en DIEU ;

« Et alors tu auras la RELIGION, et tu SENTIRAS la *présence réelle* de DIEU !

« Et alors l'HUMANITÉ ne formera plus qu'une FAMILLE aux innombrables en-fans. Toutes les *races,* tous les *peuples,* tous les *hommes* seront liés et associés ;

« Et alors la VIE DU MONDE, *harmonisée* avec TA VIE ; servira à la *développer* et à l'*embellir.*

« II. Tu AIMERAS à SENTIR et à EXPRI-MER la VIE de l'*humanité* et du *monde* ;

« Et alors tu seras l'ARTISTE.

« Tu aimeras à connaître et à expliquer la loi de l'*humanité* et du *monde*;

« Et alors tu seras le savant.

« Tu aimeras à agir, et à modifier la
forme de l'*humanité* et du *monde*;

« Et alors tu sera l'industriel.

« III. Tu aimeras à GOUVERNER,
à diriger la VIE de l'*humanité* vers son
but; et tu seras le PONTIFE-ROI, le
couple générateur de la FAMILLE
HUMAINE, l'inspiration d'*amour* et de
paix.

« Et alors chaque pas accompli sous
l'empire de ton amour sera un *progrès*
de l'humanité dans l'amour de Dieu,
c'est-à-dire dans la RELIGION.

« Tu aimeras à diriger les savans, et
tu seras le prêtre, le père de la science.

« Et alors chaque pas accompli sous
l'empire de ta *science* sera un *progrès* de
l'humanité dans la *connaissance* de Dieu,
c'est-à-dire dans le dogme.

« Tu AIMERAS à DIRIGER les INDUSTRIELS, et tu seras le PRÊTRE, le PÈRE de l'INDUSTRIE.

« Et alors chaque pas accompli sous l'empire de ta *force* sera un *progrès* de l'humanité dans la *pratique* de DIEU, c'est-à-dire dans le CULTE.

« HUMANITÉ NOUVELLE, COUPLE SAINT, TYPE GÉNÉRATEUR DE L'ASSOCIATION, voici ta LOI :

« I. Tu AIMERAS tes *supérieurs*, parce qu'ils seront tes PÈRES ; tu aimeras tes *inférieurs*, parce qu'ils seront tes FILS ; tu aimeras tes *égaux*, parce qu'ils seront tes FRÈRES.

« Et alors sera instituée la FAMILLE HUMAINE, l'*association-universelle* et *définitive* de *tous* les *hommes* pour l'amélioration *morale*, *intellectuelle* et *physique* de la classe la plus nombreuse et la plus pauvre ;

« Et alors il n'y aura plus des *races*

privilégiées et des *races proscrites*, des *amis* et des *ennemis*, des *étrangers* et des *compatriotes*; mais il y aura des PARENS, à *divers degrés*, dans la FAMILLE HUMAINE;

« Et alors il n'y aura plus des *maîtres* et des *esclaves*, des *seigneurs*, et des *serfs*, des *nobles* et des *vilains*, des *bourgeois* et des *prolétaires*; mais il y aura des ASSOCIÉS; c'est-à-dire des *supérieurs* et des *inférieurs*, TRAVAILLANT *ensemble* et *en ordre*.

« III. Tu AIMERAS à TRAVAILLER pour tes *parens de la famille humaine*; et tes *parens de la famille humaine* TRAVAILLRONT pour toi.

« Et alors il sera donné à TOUS, sans exception, l'ÉDUCATION, la FONCTION, le REPOS.

« Et alors il n'y aura plus *devoir* sans *droit*, et *droit* sans *devoir*; il n'y aura plus *exploitation, force, priviléges de nais-*

sance, mais il y aura le CLASSEMENT SELON LA CAPACITÉ.

« Et alors il n'y aura plus ni *oisifs*, ni *mendians*, ni *charité*, ni *misère*, mais LA RÉTRIBUTION SELON LES OEUVRES.

« III. Tu *aimeras*, dans l'*ordination du travail social*, l'AUTORITÉ aussi bien que la LIBERTÉ, parce que celui qui te *gouvernera* n'aura d'action sur toi que par ton *obéissance volontaire* à sa *capacité puissante*;

« Et alors sera instituée la HIÉRARCHIE selon l'AMOUR, c'est-à-dire selon DIEU; et le *pouvoir* sera INFAILLIBLE et le *peuple tout entier* sera *représenté* en sa *personne*, et le *peuple tout entier* donnera l'ACCLAMATION aux ORDRES du PÈRE, qui lui commandera le PROGRÈS.

« Et alors il n'y aura plus ni l'*ambition*, ni l'*envie*; ni la *haine*, ni la *flatterie*; mais la SAINTE ÉMULATION dans la carrière *progressive*, où tous sont à la fois *électeurs* et *élus*.

« Et alors il n'y aura plus, ni l'*orgueil*, ni l'*humilité*, ni l'*égoisme*, ni l'*abnégation*, mais la SAINTE PERSONNALITÉ de l'homme AIMANT, *intelligent* et *fort*.

« HUMANITÉ NOUVELLE, COUPLE SAINT, TYPE GÉNÉRATEUR DE L'ASSOCIATION ; voici ta VIE :

« I. Tu AIMERAS de l'*amour* de PRÉDILECTION le *père* et la *mère*, le *fils* et la *fille*, le *frère* et la *sœur*, qui *travailleront* avec toi dans la *même sphère sociale*, et qui auront reçu de DIEU la *même vocation*;

« Et alors sera instituée, en DIEU, la FAMILLE selon la FONCTION et selon le CHOIX, vivant de sa *vie propre* au milieu de la *famille universelle*; et il y aura la *paternité sociale*, la *filiation sociale*, la *fraternité sociale*;

« Et alors il n'y aura plus des *époux* despotes et des *femmes en puissance de mari*;

des *maîtres* et des *apprentis*, des *chefs* et des *subalternes*, mais il y aura la COOPÉRATION HIÉRARCHIQUE dans les travaux de tous les ordres et la PARENTÉ DE FONCTION ;

« Et alors il n'y aura plus ni la *jalousie*, ni l'*indifférence*, ni l'amour *exclusif* d'un seul, ni l'amour *égal* de tous, mais il y aura la SAINTE PRÉFÉRENCE, au milieu de l'AMOUR UNIVERSEL.

« II. Tu AIMERAS de l'AMOUR INDIVIDUEL, le *père* et la *mère*, le *fils* et la *fille*, le *frère* et la *sœur*, dont la *vie* sera *liée* à ta *vie*, dans l'ORDRE DES GÉNÉRATIONS ;

« Et alors sera instituée, en DIEU, la FAMILLE selon la NAISSANCE, *noyau primitif* de la *famille sociale* ; et il y aura la *paternité*, la *filiation*, la *fraternité* de la VIE INDIVIDUELLE ;

« Et alors il n'y aura plus ni *caste*, ni *communauté*, ni la *famille* isolée de l'*état*, ni l'*état* isolé de la *famille*, mais il y aura la PARENTÉ de NAISSANCE ;

« Et alors il n'y aura plus ni l'*égoïsme jaloux* de la famille israélite ; ni, comme chez les chrétiens, la *renonciation* à la *famille* du *monde* pour la *famille spirituelle* ; mais il y aura la PIÉTÉ de la FAMILLE INDIVIDUELLE, *vivifiée* de l'AMOUR SOCIAL.

« III. Tu AIMERAS à VIVRE dans le PRÉSENT en développant *ton corps* aussi bien que *ton esprit*, et tu AIMERAS à te *ressouvenir* de ta *vie passée* et à *préparer* ta *vie à venir* ;

« Et alors, *dans les diverses générations de la double famille*, tu CROITRAS *éternellement* en AMOUR, en *sagesse* et en *beauté* ; et ta vie, toujours *nouvelle*, à chacune de ses *phases*, VOYAGE D'INITIATION, à travers les *siècles* et au milieu des *mondes* ; ta vie, à la fois *individuelle* et *collective*, n'aura de *limite* que l'immensité, n'aura de *fin*, que l'*éternité* ;

« Et alors il n'y aura plus ni l'*esprit*

MORTIFIÉ par la *chair* ; ni la *chair* MORTIFIÉE par *l'esprit*, ni le royaume de la *terre* séparé du royaume du *ciel*, ni la *douleur* dans le *temps* pour la *joie* dans *l'éternité* ; mais il y aura la SAINTE HARMONIE de TOUS les DÉSIRS HUMAINS ;

« Et alors il n'y aura plus ni l'*enfer*, ni le *paradis*, ni le *repos éternel* et la *damnation éternelle* du christianisme, ni la *mort absolue* du matérialisme ; mais il y aura l'ÉVOLUTION PROGRESSIVE de l'*homme* dans l'*humanité*, et de l'humanité en DIEU.

« Humanité ! voici ta RELIGION, voici ta LOI, voici ta VIE ! »

FIN.

Condamnation de l'oisiveté.

Déchéance d'une aristocratie vaniteuse
et oisive.

Prééminence des travailleurs.

Amélioration du sort des classes pauvres.

Règne des capacités.

Le règne de l'oisiveté cesse, celui du travail commence.

Compagnonage

DE LA FEMME.

———

CHANT.

PAROLES DE R. BARRAULT,

Musique de F. DAVID.

1.

Peuple, rends hommage à la FEMME,
Et change les cris en concerts !
Ne maudis plus un joug infâme ;
Sa main détachera tes fers.
Douce, majestueuse et belle,
Elle fait bénir sa bonté ;
Et la paix marche devant elle ;
C'est l'ange de la liberté !

> *Compagnons de la FEMME,*
> *Si sa voix nous réclame,*
> *De cœur, de bras et d'ame*
> *Soyons prêts !*
> *Que nul effort ne coûte ;*
> *De fleurs semons sa route*
> *Et que la terre écoute*
> *Ses chants de paix !*

2.

Voici la fin de ta souffrance !
Tes rois étaient d'ingrats tuteurs ;

(344.)

Ils déshéritaient ton enfance,
Et s'engraissaient de tes sueurs.
Peuple, tu n'avais point de MÈRE,
Et tu souffrais sans être plaint ;
DIEU prend pitié de ta misère,
Et tu ne seras plus orphelin !
Compagnons de la FEMME *, etc.*

3.

Partis ! c'est l'heure de la trève ;
La FEMME paraît dans vos camps ;
Ah ! loin, loin de vous votre glaive !
Embrassez-vous, fiers combattans.
Prompte à désarmer l'indigence.
En bonne mère, entre ses fils,
C'est elle qui tient la balance,
Et les frères vivent unis.
Compagnons de la FEMME *, etc.*

4.

Plus de sang, de haine et de guerre !
L'atelier est un champ d'honneur ;
Le travail embellit la terre ;
La gloire attend le travailleur.
Peuple, relève enfin la tête
De la poussière du chantier :
La FEMME t'invite à la fête
Et sa main te tresse un laurier.
Compagnons de la FEMME *, etc.*

5.

Ah ! bientôt cet astre sans tache
Doit te faire un nouveau destin :
Du bonheur que l'ombre te cache
Va, l'horison est moins lointain.

5

La FEMME, au milieu ue l'orage,
Luit comme l'étoile des mers;
Ses feux te montrent le rivage,
Des cieux amis et des flots clairs !
    Compagnons de la FEMME, *etc.*

6.

Peuple, apprends à bénir la MÈRE !
Le PÈRE est captif *en prison,*
Et toi, captif *dans ta misère* ;
Ensemble invoquons tous son nom.
C'est l'heure de la délivrance ;
Prison ! rendez lui son époux !
Enfin la liberté commence ;
La FEMME nous a sauvés tous !
    Compagnons de la FEMME,
    Si sa voix nous réclame,
    De cœur, de bras et d'ame
      Soyons prêts !
    Que nul effort ne coûte,
    De fleurs semons sa route,
    Et que la terre écoute
      Ses chants de paix !

LYON. — IMPRIMERIE DE J. PERRET.

PREMIÈRE LETTRE

A

UN SAINT-SIMONIEN.

LYON.

IMPRIMERIE DE LOUIS PERRIN,

Rue Mercière, n° 19.

Première Lettre

A

UN SAINT-SIMONIEN,

Par M. T. Cabuchet,

DE LA SOCIÉTÉ LITTÉRAIRE DE LYON

LYON.

LOUIS BABEUF, LIBRAIRE,

RUE SAINT-DOMINIQUE, N. 2.

1832.

PREMIÈRE LETTRE

A

UN SAINT-SIMONIEN.

MONSIEUR,

Au milieu du déluge de doctrines qui nous inondent de toute part, les vôtres surtout me paraissent dangereuses, soit parce que de mauvaises passions peuvent s'emparer de vos idées et en abuser malgré vous, soit parce que vous ne tendez à rien de moins qu'à bouleverser ce pauvre vieux monde en voulant le rajeunir et le régénérer, et que vous pourriez fort bien tuer le malade en essayant de le guérir, c'est pourquoi je veux essayer de lutter contre vous; si quelque expression irritante se glissait sous ma plume, ne croyez point que j'aie l'intention de vous fâcher, car je respecte votre conviction, et je crois vos intentions nobles et généreuses; d'ailleurs, votre dévoûment vous absout bien à mes yeux de ce que je considère comme une grave erreur.

Nous sommes d'accord sur un seul point : c'est que la société est attaquée en France, surtout par une fièvre morale bien pernicieuse : la Religion, que des prêtres fanatiques ont décriée et que les philosophes ont attaquée bien légèrement, n'a presque plus d'influence; depuis longtemps la pure morale qui en découle s'est trouvée abandonnée au libre arbitre de chaque incrédule, qui l'a rendue la très humble servante de ses passions et l'a façonnée à sa manière; c'est depuis lors qu'on a vu tant de capitulations de conscience et tant d'hommes surgir dans tous les rangs, s'étant fait une toute petite probité telle qu'il la faut pour n'être pas pendu; enfin, le Code Pénal pour bien des gens a remplacé l'Évangile.

L'égoïsme brutal, cet affreux dissolvant de la société, ne trouvant plus de frein, l'a minée en tout sens, et à mesure que de jeunes hommes pleins de candeur et d'idées généreuses viennent demander une petite place au banquet, ils sont durement repoussés par les convives avides, qui semblent leur dire d'un air arrogant : *ceci est pour moi et non pour toi.* Cependant eux aussi ont le droit de vivre, eux aussi peuvent être utiles à leur pays, car l'horrible mal n'a pas encore gangrené leur ame; mais bientôt la nécessité, le besoin viendront les torturer de mille manières différentes ; peu échapperont à la contagion ; les autres en seront attaqués , épuisés par leurs vains efforts.

Cet égoïsme révolte par son affreuse nudité ; lorsqu'il révêt des formes belles , mais perfides , il est bien encore plus dangereux.

Ainsi , l'on rencontre des hommes qui, ayant constamment à la bouche les mots de philanthropie , de vertu, de morale , sont profondément corrompus. Ces mots magiques, qui font vibrer encore une corde sensible dans le cœur des indifférents, leur servent de sauve-garde, de talisman pour endormir les soupçons : en voyant tant de miel sur leurs lèvres, on ne peut se douter combien ils ont de venin dans leur cœur. Mais lorsque le moment est venu, ils s'arrachent eux-mêmes le masque, se montrent effrayants de corruption, et proclament effrontément que tous les moyens sont bons , quand ils peuvent servir leurs passions.

Dans cette dernière catégorie se trouvent les faux dévots, qui trompent par leur hypocrisie ; les ambitieux, dévorés par la rage de parvenir à tout prix ; les faux patriotes , qui poussent au

bouleversement de leur pays, parce qu'ils espèrent recueillir dans les ruines de quoi satisfaire
leur amour-propre et leur avidité.

Si, à côté de ces maux bien grands, nous envisageons l'accroissement de la population, la concurrence dans tous les états, qui met beaucoup
de gens dans l'impossibilité de gagner leur vie,
nous serons peu rassurés sur l'avenir et forcés de
convenir qu'une crise est inévitable; en effet, il
y a presque plus de médecins que de malades,
d'avocats que de plaideurs, et de fabricants que
de consommateurs.

Voilà la plaie qui s'élargit tous les jours;
maintenant le remède que vous voulez y appliquer est-il bon? c'est la question que nous avons
à discuter.

Pour établir votre système, vous avez adopté
l'idée directement contraire à l'ordre établi; car
il se fonde sur la propriété, et vous voulez que
tous les biens soient mis dans une masse commune, pour être ensuite répartis aux hommes
d'après leurs capacités et leurs œuvres.

Je commence par vous objecter que l'ordre social est impossible sans le droit de propriété; aussitôt qu'il y a eu deux hommes sur la terre, il a
existé : l'un a pris le gibier par lui tué, l'autre

les fruits par lui recueillis, et la première guerre a commencé dès que l'un essaya de prendre ce que possédait l'autre. D'ailleurs, remarquez bien que tout en la repoussant vous l'admettez vous-mêmes; en effet, vous voulez rétribuer l'homme suivant ses œuvres, cette rétribution représentera nécessairement une valeur quelconque dont il pourra disposer comme il l'entendra : c'est donc une propriété qu'il aura, moins la faculté seulement de transmettre par héritage. En le forçant à ne travailler, à ne gagner, à ne vivre que pour lui seul, certes ce n'est pas le moyen de le guérir de l'égoïsme.

Vous voulez en outre qu'il soit classé suivant sa capacité.

Ce principe est juste ; mais il faudrait, pour qu'il fût applicable, changer la nature de l'homme: formé par l'amour-propre et l'intérêt personnel, il aura presque toujours une trop haute idée de sa capacité et voudra se faire adjuger la meilleure part; il n'acceptera point le rang où vous le classerez, et si vous accueillez ses réclamations, votre système est impraticable; si vous le repoussez, c'est la plus effroyable de toutes les tyrannies, car les hommes ne vous accorderont jamais le droit de les trouver plus bêtes qu'ils ne croient l'être. Au moins dans l'ordre social actuel ils ont la faculté de s'en prendre à la destinée de se sentir méconnus ; de cette manière l'amour-propre est flatté de n'avoir pas de reproches à faire au mérite.

D'ailleurs, qui nous prouvera l'infaillibilité de vos jugements? pour être saint-simonien, on ne cesse pas d'être homme; vous pouvez être perfectionné, mais non infaillible.

Le plus capable, répondez-vous, classera les autres... Mais qui choisira ce plus capable? ce seront donc les moins capables? étrange contradiction ! Je veux que votre pape à sa mort nomme son successeur et le nomme bien, la capacité de celui-ci peut diminuer, être anihilée par une cause quelconque, alors vous retombez dans la même difficulté.

Convenez donc que pour fixer avec justice les capacités des hommes, il faudrait un dieu. Vous prétendez bien en avoir un; mais il me semble que vous l'enterrez complétement dans la matière.

C'est surtout sur ce point que je veux engager la discussion avec vous, car les objections que je viens de vous soumettre, me paraissent si fortes que je ne m'y arrêterai pas davantage, et j'attends ce que vous aurez à me répondre pour que je puisse leur donner plus de développement.

Je vais essayer de prouver que vous n'avez pas de Dieu, ou tout au moins que ceux d'entre vous qui y croient sincèrement en ont une fausse idée; enfin que votre religion (si toutefois on peut lui donner ce nom) serait affreuse, désespérante, et que, bien loin d'améliorer les hommes, elle les rendrait bien plus mauvais qu'ils ne le sont, et plus malheureux.

Notre Dieu, dites-vous, c'est l'univers, c'est l'union intime de ce que vous appelez ame et matière qui se manifeste mais à un bien moindre degré dans l'homme.

Le système d'un monde animé a été embrassé par plusieurs anciens philosophes. Il suppose une ame universelle, infuse dans la masse générale des êtres, dont les ames particulières ne sont que des portions, des émanations qui vont enfin se réunir à leur tour par voie de réfusion. Telle était la doctrine de Platon, de Pythagore, d'Aristote, d'Anaxagore, d'Hippocrate, de Thalès, des stoïciens, etc.

Dicéarque, Aristoxène, Galien, et plusieurs autres, croyaient l'ame une qualité provenant du jeu et de la disposition de nos organes, semblable à l'harmonie qui résulte de l'accord des instruments de musique.

Épicure et ses disciples formaient la troisième

classe, qui semblait tenir des deux premières. Ils pensaient avec Zénon, Platon, etc. , que l'ame était un souffle de feu; et avec Dicéarque et Galien ils faisaient consister l'esprit dans une faculté qui dépendait d'une certaine combinaison d'atomes.

Spinoza, qui vint beaucoup plus tard, soutint qu'il n'y a qu'une substance dans la nature, et que cette substance unique est douée d'une infinité d'attributs, et entre autres, de l'étendue et de la pensée; que tous les corps qui se trouvent dans l'univers sont des modes et des modifications de cette substance en tant qu'étendue, et que les autres êtres, par exemple les ames des hommes, sont des modes de cette substance en tant que pensée.

Dupuis, dans son livre sur l'*Origine des Cultes, etc.*, reproduit à peu près le même système, et son dieu, c'est le grand tout auquel vont se réunir après la mort les ames de tout ce qui respire.

J'ai cité ces différents systêmes, non pour les discuter (de bien plus savants que moi ont perdu leur temps soit en les combattant soit en les soutenant), mais pour démontrer leur ressemblance avec le vôtre, qui n'est que le matérialisme renouvelé des Grecs.

Nous n'avons point, dites-vous, la prétention de donner du nouveau; mais prenant l'intelligence au point de progrès où elle est parvenue, nous voulons fonder la seule religion possible maintenant.

Et moi je soutiens que votre prétendue religion n'en est pas une.

En effet, en prenant l'univers pour Dieu, vous confondez l'effet avec la cause. L'univers, c'est la chose créée; Dieu, c'est la suprême intelligence dont elle émane et qui se manifeste à nous par l'ordre et les lois divines qui dirigent cet univers. Ainsi un mécanicien habile exécute un automate dont les mouvements sont étonnants; nous nous écrions : Voilà une belle machine, elle fait honneur à son auteur, quoique nous ne l'ayons jamais vu. Mais vous, Saint-Simoniens, vous confondez l'automate et le mécanicien, et vous ne voyez dans eux qu'une seule et même machine.

Ensuite comment concevoir un dieu esprit et matière tout à la fois, un dieu qui ne se révèle à vous que par des idées que les saint-simoniens trouvent sublimes, et qui sont, pour l'immense majorité des hommes, de mauvaises plaisanteries ou des produits de cerveaux malades.

Un dieu qui nous dit par votre organe : Vous

êtes une petite portion de matière animée à laquelle j'ai donné pour idée dominante l'amour du bien-être, et cependant je lui ferai connaître la douleur en naissant, j'en ferai sa compagne la plus fidèle; plusieurs d'entre vous, épuisés par ses atteintes cruelles et non interrompues, appelleront à grands cris la mort pour se délivrer du supplice de vivre, et cette mort pour eux sera le néant, rien ne les indemnisera des maux qu'ils auront soufferts sur la terre; ils ne m'avaient point demandé à vivre, mais j'ai voulu me donner le plaisir de les voir au milieu des tortures, et de les jeter ensuite au néant quand ils ne valent plus rien pour la douleur !

Tel n'est point le langage des autres religions et particulièrement de la Religion chrétienne ; elle dit à l'homme :

« Tu ne trouveras point le vrai bonheur sur la terre, mais sois bon, tu le connaîtras dans un monde à venir ; là tu seras indemnisé de tes souffrances. Si tu es méchant, tu souffriras dans ce monde et dans l'autre ; car notre Dieu récompense la vertu et punit le crime. »

Votre prétendue religion n'offre point de pareilles consolations ; que dirait-elle au vertueux Job pour le consoler, tandis que son ulcère le ronge sur son fumier ?

Vainement parviendriez-vous à rétribuer réellement l'homme suivant sa capacité et ses œuvres, que ferez-vous du malheureux qui souffre et ne peut travailler? Vous lui enverrez un médecin; mais il y a des douleurs qu'on ne peut ni soulager ni guérir, comment soutiendrez-vous son courage ? comment enfin donnerez-vous du bien-être à ce corps usé par la maladie et qui ne peut plus que souffrir ? Lui parlerez-vous de la santé de son ame, de sa pureté? mais, suivant vous, elle souffre dans son corps, ou plutôt, puisqu'elle lui est intimement unie, elle s'ulcère avec lui. Lui parlerez-vous de la vie à venir? mais elle y arrivera tout ulcérée ! d'ailleurs, si vous reconnaissiez cette vie à venir, l'immortalité de l'ame, vous en parleriez quelquefois, et surtout vous en auriez fait la principale base de votre religion, qui eût été consolante avec elle, et qui, est désespérante, affreuse, sans elle.

A cela vous me répondrez peut-être que beaucoup de gros livres ont été écrits pour et contre l'immortalité de l'ame par des hommes très savants, sans avoir jamais rien pu prouver ; qu'en conséquence vous n'avez pas voulu ouvrir une porte aux discussions interminables ; que vous y auriez consumé vos forces, qui vous sont bien nécessaires pour travailler à votre œuvre. Cela se conçoit.

Mais puisque vous prétendez recevoir des révélations de la Divinité , pourquoi n'avoir pas donné ce dogme fondamental comme une révélation? en cela vous auriez imité les fondateurs de toutes les religions adoptées jusqu'à nos jours. Chez tous les peuples civilisés on a cru à l'immortalité de l'ame; car non seulement il n'y a pas de religion, mais encore il n'y a pas de morale et d'ordre social possible sans cela. Les lois humaines punissent les délits et les crimes , mais la vraie religion empêche de les commettre; d'ailleurs, qui punira le fils ingrat, l'ami parjure , le criminel assez adroit pour échapper à la loi , si ce ne sont les remords et les tourments de la conscience? et comment peut-il y avoir de conscience sans l'idée absolue du bien et du mal, et sans la croyance que l'un sera récompensé et l'autre puni?

Certes, si nous devons croire des dogmes dont la vérité ne peut nous être mathématiquement démontrée, ce doit être celui-là; car, encore une fois, que deviendrait la société sans lui?

Vous croyez que l'ame et la matière, par conséquent que l'ame et le corps de l'homme ne font qu'un seul et même être indivisible; alors il s'anéantit donc tout entier à sa mort? Il ne meurt pas, nous dites-vous : on n'enterre que la forme de ce qu'il a été; son fragment de vie universelle abandonne cette forme inutile et vole à d'autres destinées.

Il n'y a dans de pareilles doctrines qu'un mélange inouï, qu'une confusion inconcevable de l'ame et de la matière, choses bien distinctes que vous vous opiniâtrez à ne point distinguer.

Vous nous parlez d'un être indivisible qui pourtant se divise, d'une vie qui abandonne un corps pour aller dans un autre, et qui agit à peu près comme un charlatan qui change de cabane pour faire des dupes; du reste, vous gardez le silence sur la récompense de la vertu, sur les peines qui menacent le crime, et ce singulier être que vous croyez se cacher dans le corps de l'homme, le quitte sans remords s'il a été criminel, sans espérance s'il a été vertueux, à peu près comme un vieux vêtement dont il n'a que faire et qu'il abandonne au premier passant : métempsychose singulière renouvelée des Égyptiens ! Les corps d'Alexandre, de César, de Napoléon sont donc devenus de grosses raves ou de puissants quadrupèdes ! Ainsi, quand nous nous permettons de manger une soupe aux choux, une oie grasse ou une dinde aux truffes, cannibales d'un nouveau genre, nous nous exposons à dévorer une cer-

taine quantité de grands hommes, et ils pourront servir encore après leur mort à donner des
indigestions et des leçons de tempérance à plus
d'un sot; certes, c'est un genre d'utilité comme
un autre, mais je les croyais appelés à de plus
hautes destinées !...

Admettez-vous le progrès même après la mort,
c'est-à-dire que l'homme médiocre dans ce monde
en progressant aura du mérite dans l'autre, ou de-
viendra enfin un être supérieur à ce qu'il a été ?
Quelle place doit être assignée à Napoléon, le
plus puissant monarque des temps modernes ?
vous ne pouvez le faire progresser qu'en en fai-
sant un ange; mais vous ne croyez pas aux an-
ges... un dieu? mais quelque génie qu'il ait eu,
il n'est pas de force à lutter contre votre dieu,
le grand tout, dont il n'est qu'un fragment lui-
même. Cependant je trouve Napoléon un peu
saint-simonien; il était le plus capable en France
pour gouverner, et ne donnait en général les places et les grades qu'aux gens capables, car il s'y
connaissait; il a fait progresser la civilisation et
les lumières, en les tirant en France du chaos où
l'anarchie les avait plongées, en les portant dans
des pays où leurs bienfaits étaient à peu près
inconnus; par son système continental, il avait
en petit le projet d'association que vous avez en

grand ; enfin, il a donné au monde l'exemple étonnant d'un petit homme d'assez mince apparence qui, par son seul génie , s'est élevé d'un rang subalterne de la société au plus haut point que l'homme puisse atteindre. Napoléon, indépendamment de ses hauts faits , a donc rendu un grand service aux doctrines saint-simoniennes ; il doit être placé bien haut dans votre admiration ; eh bien ! je vous le demande , où a-t-on pu le mettre pour le faire progresser dans l'autre monde ? dans la lune peut-être , car il est possible que ce que nous trouvons si étonnant sur notre pauvre terre , soit fort ordinaire dans un autre globe. Ainsi , puisqu'on dit la lune habitée, elle est peut-être peuplée de gens qui valent Napoléon ; alors il n'y serait pas déplacé.

Quoique par leur position physique, les habitants de la lune soient évidemment placés au dessus de nous, je ne puis raisonnablement ni admettre ni nier leur supériorité morale : qui nous la prouve ? nous n'avons jamais eu l'avantage de voir un seul d'entre eux ; peut-être est-ce parce qu'il se trouverait en trop mauvaise compagnie parmi nous ? c'est possible. Mais, encore une fois, si vous voulez nous faire croire à une vie à venir et nous faire croire que vous l'admettez vous-mêmes , dites nous donc ce que nous deviendrons après notre mort.

Nous rencontrons à chaque instant des ignorants et des sots qui nous assomment de leur bavardage et de leurs ridicules prétentions; qu'étaient-ils avant d'être, puisque, suivant vous, nous existons toujours, mais sous des formes différentes? étaient-ils poissons ou quadrupèdes? oui; alors votre Dieu aurait bien mieux fait de ne pas les changer pour le bien de l'espèce humaine, il a fait là un acte de cruauté; et m'emparant de votre idée, je pourrai mettre sous les yeux une galerie d'animaux assez curieuse à voir. Suivant vous, cet homme qui ne parle que d'égorger et de détruire quand quelque chose le contrarie, a été tigre certainement; cet intrigant, au cœur sec et empoisonné, qui calomnie son bienfaiteur, a été serpent : voyez-le ramper de nouveau devant un autre homme qu'il trahira.

Cet ancien procureur à l'œil avide, aux jambes exiguës, aux longs doigts, toujours prêts à s'ouvrir et à se refermer comme la serre d'un oiseau de proie, était vautour sans doute ; ce petit avocat plein de morgue et de suffisance, qui fait tant de bruit inutile quand il plaide et ne desserre pas les dents pour certains questionneurs, de peur de déroger, était une oie: il se croit maintenant un aigle ! pourtant il n'a fait que changer de couleur sans pouvoir s'élever de terre.

Ce lourd fonctionnaire public qui vit de budget, était un butor; cet épais négociant, fier de ses écus gagnés plus ou moins loyalement, était un ours, et pour opérer la transformation, il n'a eu besoin que de se redresser sur ses deux pates de derrière et d'apprendre à compter.

Tous ces gens-là, j'en conviens avec vous, nobles ou roturiers, ne doivent pas s'enorgueillir de leurs ancêtres; mais si c'est pour le bien général que votre dieu a donné à de pareils animaux la forme humaine, il s'est grossièrement trompé, et il aurait dû au moins encore les soumettre à quelque temps d'épreuves sous leur ancienne forme. N'y a-t-il pas sur la terre assez de renards, de loups, de tigres, de bêtes féroces, de reptiles venimeux? ne nous font-ils pas assez de mal sous leur forme réelle? pourquoi, pour les rendre plus pernicieux encore, leur donner celle de l'homme lui-même? Il y aurait là, je le répète, de la part de votre dieu une injustice et une cruauté horribles.

Quoi! c'est avec de pareilles idées que vous prétendez améliorer les hommes? A supposer que vous puissiez leur offrir le bien-être physique, pour qu'ils l'éprouvent, il leur faut d'abord le bien-être moral, et votre prétendue religion est impuissante pour cela: elle briserait tous les liens de la société, qui sont déja trop faibles ; et au milieu d'un épouvantable chaos on ne verrait que des fanatiques sans dieu , des pères sans enfants, des maris sans femmes, et des propriétaires, travailleurs même , sans propriété.

Vous soufflez sur les institutions et les hommes en leur disant : Disparaissez , je vais vous refaire à ma manière, et prenant l'homme pour matière première, vous voulez le perfectionner à l'infini, le faire devenir dieu, comme s'il n'était pas un être nécessairement imparfait. Comment d'ailleurs concevoir une créature qui devient l'être dont elle émane, qui aurait existé avant que d'être , et qui , insolente et remplie d'un immense orgueil , ose tourner ses regards vers la Divinité , et lui dire : Un jour j'irai te rejoindre, et je regarderai à mon tour du haut de notre grandeur cette terre où je traîne une vie de misère et mon corps hideux !..,

Et la femme, que deviendra-t-elle? sans doute après sa mort vous lui donnerez un meilleur sort, un meilleur rôle à remplir; car elle a bien ses souffrances , et les caresses de ses enfants ne suffisent pas toujours pour adoucir ses chagrins dans ce monde.

Elle est notre égale, dites-vous; pas tout-à-fait, à moins que vous ne parveniez à faire de l'homme une femme, et de la femme un homme; mais quelque perfection qu'atteigne votre doctrine, je doute que vous y parveniez. En effet, l'intelligence dépend de l'organisation ; or, comme la sienne est bien différente de la nôtre, il s'ensuit qu'elle a un autre genre d'intelligence que vous ne pouvez étendre à tout, parce qu'il est nécessairement borné comme le nôtre : je crois qu'une femme ne serait pas aussi bien placée à la tête d'une armée ou d'un tribunal qu'un homme, et que ce dernier ne ferait pas aussi bien les ouvrages délicats qu'exécutent les femmes. Convenez donc que chaque sexe a un cercle tracé d'où il ne peut sortir et où il excelle; mais ne les proclamez point égaux, car, je le répète, la femme, par son organisation physique, est nécessairement placée sous la dépendance de l'homme. Si c'est une injustice, il ne faut point s'en prendre à ce dernier; car il peut bien faire des lois qui améliorent à juste titre le sort des femmes, mais il n'a pu ni faire ni changer la loi de la nature qui a fait la femme un être plus faible que lui. Je sais fort bien qu'en naissant on ne choisit point le sexe qui se manifeste, et que la femme a un égal droit au bien-être que l'homme; mais chaque sexe a des jouissances différentes : une jeune fille ne s'amuse guère des exercices d'un jeune homme, et celui-ci des jeux d'une jeune fille. L'amour-propre qui domine dans les deux sexes en général produit des effets différents ; tout homme est plus ou moins fat, comme toute femme est plus ou moins coquette; l'homme a surtout l'ambition des richesses et des honneurs, la femme, celle de plaire et de dominer; l'homme a plus de raison, la femme plus d'imagination ; il jouit plus par la tête, elle par le cœur ; celui-ci, en thèze générale, a plus d'égoïsme et de tyrannie, celle-ci plus de véritable amour et de dévoûment. On dirait que le Créateur leur a donné ces belles qualités, pour les indemniser de celles qu'il leur a refusées; car il y a dans la vertu et dans l'admiration qu'elle excite de quoi consoler de tous les sacrifices, et s'il existe des hommes assez barbares pour déchirer le cœur d'une femme vertueuse, il en est d'autres capables de l'apprécier et de le comprendre.

Les hommes ne peuvent pas plus se passer des femmes que les femmes des hommes ; il faut donc, pour qu'ils puissent vivre ensemble, que l'on cède quelquefois à l'autre : autrement pas de vie commune, pas de mariages possibles, et l'on retomberait dans la barbarie, puisqu'il n'y aurait plus de famille. C'est absolument le but que vous atteindriez avec votre doctrine ; car le mariage, suivant vous, n'étant qu'une société que les associés peuvent rompre aussitôt qu'ils ne s'accordent plus, ne durerait pas long-temps, puisque les meilleurs ménages n'ont encore que trop souvent de petites querelles ; les hommes, les femmes se démoraliseraient ; il y aurait des accouplements, et non des mariages. L'homme, qui est, suivant vous, un être perfectible à l'infini, ferait à peu près comme la brute, et je ne vois pas trop où serait le progrès.

Vous prétendez déraciner l'égoïsme, et vous l'encouragez ! Ne dites-vous pas à l'homme : Ne t'occupe ni de ton père malade, ni de ta femme infirme, ni de tes enfants en bas âge : un mercenaire en aura soin, la société s'en charge ; toi, qui es en bonne santé, travaille, exerce ta capacité, surtout ne perds pas ton temps auprès de ces victimes auxquelles nous nous chargeons de faire l'aumône : plus tu voudras leur donner de consolations, de soins, plus tu auras les sentiments de fils, d'époux, de père, moins tu recevras, car tu sais que nous rétribuons suivant les œuvres !...

Pour l'honneur de votre secte je ne puis croire que ce soit là vos intentions ; cependant voilà les conséquences des principes que vous professez.

Mais il faut abréger cette lettre déja trop longue , et me résumer.

Je crois avoir démontré que vous n'avez pas
de dieu, ou que vous en avez une idée fausse et
dangereuse, par conséquent que vous ne pouvez
avoir de religion, que nul d'entre vous ne peut
indiquer d'une manière certaine la capacité des
hommes souvent méconnue par la jalousie et
l'injustice des autres, ou exagérée par le char-
latanisme et l'intrigue ; que votre systême est
simplement une théorie philosophique inappli-
cable à l'espèce humaine ; que la société n'a
jamais été fondée que sur le droit de propriété,
et qu'il est impossible de lui donner une autre
base ; que vous, qui vous proclamez la providence
des travailleurs, vous leur coupez les bras au contraire en détruisant la propriété, car quel encou-
ragement auront-ils pour travailler? Enfin , qu'en
croyant détruire l'égoïsme et rendre l'homme
plus moral , vous atteindriez au contraire le but
opposé , puisque vous commencez par étouffer
en lui les sentiments les plus naturels , et que
je ne conçois pas comment un mauvais fils , un
mauvais époux , un mauvais père peut être un
vrai philanthrope.

Il me semble qu'on pourrait écrire contre

vous un volume de réfutations victorieuses ; mais étant obligé de me renfermer dans les limites étroites d'une lettre, je me borne à ces objections, qui me paraissent concluantes, et surtout je les signe, parce que je sais que vous avez en horreur les écrits anonymes, et que je les considère comme un moyen peu loyal d'attaquer des opinions.

Je suis avec estime,

Votre tout dévoué,

E. Cabuchet.

Lyon, 12 janvier 1852.

LES APOTRES A MÉNILMONTANT.

Toujours en harmonie avec le moment et l'œuvre qu'ils exécutent, lorsqu'ils parlaient à des hommes dont la richesse avait développé l'intelligence, les Saint-Simoniens furent *savans* et *riches*. C'est avec le costume des élégans, devant une table d'acajou, qu'ils enseignaient. A peine quelques *prolétaires* osaient venir fouler, avec leur chaussure garnie de fer, le parquet de leurs salons. Les opulens seuls s'approchaient ; à eux seulement on parlait alors, à eux seulement il fallait parler, puisque de leur sein devaient sortir les APÔTRES.

L'apôtre est une exception glorieuse : c'est pour cela qu'il *fallait* que les riches prissent son HABIT, se fissent PAUVRES pour être aimés à la fois du riche et du pauvre, pour étonner davantage, pour être plus RELIGIEUX.

L'apostolat est fondé ; ceux d'entre les hommes riches dont le cœur a palpité d'espoir en connaissant la vie nouvelle, sont avec eux. Leurs paroles se perdraient dans le désert s'ils voulaient toujours se faire entendre d'eux seuls. Le monde entier, voilà désormais la salle où ils doivent travailler au salut des nations haletantes de désespoir. Les pauvres, voilà ceux dont ils doivent se faire connaître, ceux qui doivent les voir le plus souvent possible ; ce sont eux qui bientôt les aimeront le plus.

Et toujours conséquens, pour convertir les prolétaires, les apôtres sont prolétaires. Ils ne parleront plus ; assez déjà savent si leurs paroles peuvent être éloquentes, si leurs raisonnemens sont justes et bien suivis. Le peuple connaît peu les belles phrases, ignore ce que c'est qu'un syllogisme ; mais ce qu'il comprend, ce sont les actions généreuses, ce sont les dévouemens sans BORNES. Fit-il un discours ce prolétaire qui s'écriait je m'appelle *Arcole*, et qui mourut soudain criblé par le plomb ennemi ? Tous le comprirent, parce qu'il avait AGI.

Les apôtres sont donc pauvres et ne font plus de discours, mais des ACTIONS, parce que c'est aux pauvres qu'ils s'adressent.

Voyant quarante hommes, auxquels leurs ennemis même accordent un talent distingué, ayant une confiance, un dévouement à toute épreuve dans l'homme qui les conduit à l'œuvre qu'ils ont à faire, en les voyant durcir leurs mains délicates pour relever les travaux dédaignés et pénibles qui vieillissent si vite l'ouvrier, remplir les fonctions de la domesticité, eux qui tous avaient des domestiques et pourraient en avoir encore, les prolétaires comprendront que tous les MÉTIERS élevés par eux au rang de FONCTIONS, doivent être égaux et également rétribués, qu'il ne peut plus y avoir de *domestiques*, que tous doivent être FONCTIONNAIRES, que nul ne doit être exploité par un autre, que tous doivent s'aimer, s'associer entr'eux, que la foi saint-simonienne sera nécessairement la conquête du monde. Ce sont des fous, répondent ceux qui ne les connaissent pas. Mais ces fous se sont montrés supérieurs à vous, lorsqu'il a fallu traiter ce que vous appelez sciences difficiles, et dont la connaissance est réservée à un petit nombre d'élus qui tous ont été inférieurs à eux. Cette injure grossière retombe donc sur ceux qui osent la lancer.

Qui ne sera saisi d'admiration et ne répétera avec moi : Oui, ces hommes sont GRANDS et FORTS, oui, ils moraliseront le monde, ils le rendront religieux, parce qu'eux seuls sont MORAUX et RELIGIEUX; en vain on leur suscite des persécussions bourgeoisement tracassières, ils ne se *fâcheront* pas ; la force religieuse, le calme, voilà leurs réponses. En voyant ces hommes qui tous pourraient jouir de tout ce que cette terre renferme de jouissances et d'amour, y renoncer pour secourir tous ceux qui souffrent, la *classe la plus nombreuse et la plus pauvre*, et *en dehors d'eux il n'y a que des* PAUVRES, le peuple a senti, ou sentira combien sont grands leurs sacrifices, combien doivent être grands leur FOI et leur AMOUR. Le peuple sentira que des hommes de cette TAILLE, qui entourent un autre homme de tout ce que l'on peut trouver d'amour, de foi, de dévouement, crient à toute la terre que cet homme est aussi supérieur à eux, qu'ils sont supérieurs aux autres. L'humanité sentira qu'il n'y a que cet homme CAPABLE de la mener au *bonheur*; et les hommes forts, se groupant autour du PÈRE, répéteront avec l'apôtre d'EICHTAL :

« Haut ! haut ! l'étendard de la religion nouvelle, livrer au vent ses flammes sinueuses, étincelantes; qu'elles aillent de leurs replis lointains battre les dômes de Rome et les flèches de Madrid, les tours de Berlin et de Londres, les minarets de Stamboul et ceux d'Alexandrie. Amour à tous les hommes, amour à tous les peuples. »

« Voyez, il est au milieu de nous, celui qui soulève cet étandard ! accourez ! vous tous, fils élus des nations, accourez, CROISEZ-VOUS ! déposez vos glaives, tendez-vous la main ; passez à ma droite, passez à ma gauche, placez vous devant et derrière moi. Range-toi, milice sainte, en avant, suis TON ROI. Amour à tous les hommes, amour à tous les peuples. Vainement le monde se redresse, nous disputant le passage, il s'incline, étonné, il se relève PA-CIFIÉ.

VOILA POURQUOI LES APOTRES SONT A MÉNILMONTANT.

Qu'on dise que les HOMMES DE LA VIE NOUVELLE SONT MORTS.

Lyon, le 19 juillet 1822.

COGNAT.

Pour détruire la domesticité, abolir le salaire, et substituer l'association à la lutte qui règne dans la société, voilà comment les apôtres remplissent les différentes fonctions de leur intérieur.

Léon SIMON, traducteur de plusieurs ouvrages littéraires de médecine, et PAUL ROCHETTE, ancien professeur de rhétorique, font la cuisine.

Léon TALABOT, ancien substitut du procureur du roi, d'abord chargé du lavage de la vaisselle. Ce fut ensuite GUSTAVE d'EICHTAL, fils d'un riche banquier, puis LAMBERT, ancien élève de l'École polytechnique, après lui, le baron CHARLES du VEYRIER, et aujourd'hui, Moïse RETOURET, jeune élégant dans le monde *ancien*.

Emile Barrault, ancien professeur à l'école de Sorrèze, auteur de la *Crainte de l'Opinion*, comédie en cinq actes et en vers, représentée en 1831, est chargé du cirage des bottes avec *Auguste Chevalier*, ancien professeur de physique, et Ducret, avocat.

Barreau, ancien élève de l'Ecole polytechnique, ex-capitaine d'état-major, est chargé de l'entretien du linge, des vêtemens, de la police et de la surveillance générale.

Rigaud, docteur-médecin, Holstein, fils d'un négociant distingué, le baron *Charles* du Veyrier, Pouyat et Broé, anciens étudians, *Charles* Pennekerre, ancien courtier en librairie, et *Michel* Chevalier, ing'nieur des mines, et directeur du *Globe*, frottent les appartemens.

Desloges, ancien garçon boucher, dirige la buanderie; il a sous ses ordres Franconi, fils d'un riche colon américain, et Bertrand, étudiant.

Le balayage des cours et de la rue est fait par d'Eichtal et Machereau.

Jean Terson, ancien prêtre catholique, épluche les légumes, met le couvert; il est aussi chargé du menu détail de la maison.

Alexis Petit, fils d'un riche propriétaire, nettoie les chandeliers et veille à l'enlèvement des ordures.

Le Père ENFANTIN travaille principalement au jardin avec Henri Fournel, ex-directeur de la fonderie du Creusot. Raymond-Bonheure, ancien professeur de dessin, Justus, peintre, et Machereau, dessinateur.

Les renseignemens sont donnés tous les jours, depuis 2 heures jusqu'à 4 du soir, place Sathonay, n° 2, au 2me.

LYON. — IMPRIMERIE DE CHANFARD.

LES SAINT-SIMONIENS!!!

OUVRIERS,

Personne ne sait mieux que nous combien sont grands les maux qui vous accablent; personne ne sait mieux que nous les remèdes qu'il faut y appliquer. Aussi, avons-nous été profondément affligés en apprenant ces réunions tumultueuses où retentissent des cris de guerre qui pourraient encore la faire éclater, et détruire pour long-temps les chances de meilleur avenir que nous n'acquerrons que par nos réclamations PACIFIQUES.

Jamais nous ne ferons naître par les armes des institutions vraiment INDUSTRIELLES. Aussi, ne cesserons-nous jamais de le répéter, c'est en CONVERTISSANT et non en OPPRIMANT que nous arriverons à faire cesser l'EXPLOITATION de la classe la *plus nombreuse et la plus pauvre*, que nous arriverons à ASSOCIER tous les hommes.

D'autres peut-être vous montreront les maisons du *riche* pour vous engager à y aller chercher par FORCE ce qui vous manque? Arrière à ceux-là, ils vous trompent, et ne vous disent pas qu'un petit nombre d'hommes, seulement, parviendraient à changer d'état, et qu'ils feraient expier cruellement leur changement de fortune à ceux qui les auraient aidés à devenir riches. Pour le plus grand nombre, resterait la misère la plus déplorable, parce qu'ils auraient anéanti, pour de longues années, tout avenir industriel, parce que dans leurs malheurs ils ne trouveraient pas une seule voix amie pour les plaindre, pas une seule main pour les soutenir et leur montrer un avenir meilleur.

PATIENCE, instruisez-vous, venez auprès de ceux qui vous AIMENT, qui s'occupent de faire cesser vos peines, et lorsque les idées SAINT-SIMONIENNES auront été comprises par la majeure partie des Français, il arrivera alors, ce qui est toujours arrivé, sans efforts, sans larmes répandues, nos députés devenus *saint-simoniens*, comme en 1830 ils étaient constitutionnels, décréteront des institutions et des chartes de bonheur pour le peuple. Mais jusque-là, patience; autrement vous reculeriez de cinquante ans cet avenir prochain que j'ose vous promettre. PATIENCE donc, PATIENCE, et surtout point de cris et de rassemblemens guerriers....

Lyon, le 7 août 1832.　　　　　COGNAT.

Incessamment nous ouvrirons des cours gratuits d'écriture, de lecture et de calcul.

Les renseignemens sont donnés tous les jours depuis 2 heures jusqu'à 4 heures du soir, place Sathonay, n° 2, au 2me.